VOCABULAIRE DE L'HABILLEMENT

français-anglais

CÉLINE DUPRÉ

Cahiers de
l'Office de la langue française

en collaboration avec Marguerite MONTREUIL et
Ghislaine PESANT
Office de la langue française

Illustrations de Michèle BEAUJARDIN

Service des publications
Direction des communications

Office de la langue française
Montréal, 1980

Sous la
direction de Pierre AUGER
Directeur de la terminologie
Office de la langue française

© Éditeur officiel du Québec, 1980

Dépôt légal - 1er trimestre 1980
Bibliothèque nationale du Québec

ISBN 0-7754-3273-3

Préface

Nécessité climatique ou contrainte sociale, objet de mode ou expression du niveau de vie (à moins que ce ne soit celle de la contestation), le vêtement est pour chacun de nous la protection et l'ornement qui révèlent sa personnalité. Rien d'étonnant, alors, à ce que de nombreux secteurs de l'activité humaine soient rattachés directement ou indirectement à l'habillement et que l'on retrouve oeuvrant dans ces différentes sphères une proportion considérable de la population québécoise.

Force nous est d'admettre, en raison de la puissance économique des anglophones et de la situation numérique des francophones en Amérique, que le vocabulaire des Québécois en matière vestimentaire, comme dans bien d'autres domaines d'ailleurs, est approximatif et anglicisé. Cependant, le désir qui anime de plus en plus les grandes maisons de servir les clients d'expression française dans leur langue, allié aux exigences linguistiques de ces derniers, est en voie de changer cette situation.

Voilà sans doute pourquoi l'accueil réservé au *Vocabulaire de l'habillement* publié en 1974 à titre provisoire, et soumis à l'enquête publique, a été des plus enthousiaste. En effet, cette édition a dû être réimprimée pas moins de six fois, ce qui démontre le besoin profond auquel elle répondait.

L'ouvrage que nous présentons maintenant est enrichi et affiné grâce à la collaboration de certains lecteurs qui ont bien voulu nous soumettre leurs critiques, leurs commentaires et leurs questions, mais surtout grâce à la volonté d'une équipe expérimentée de terminologues de parachever leur oeuvre dont la qualité était déjà éprouvée.

Ne nous méprenons pas, toutefois, sur la nature du *Vocabulaire de l'habillement*. À vrai dire, ce dernier possède par sa spécialisation, **sa précision**, la rigueur et la complexité de la méthode suivie dans son élaboration, ainsi que par **l'ampleur** des recherches minutieuses sur lesquelles il est fondé, les caractères d'un ouvrage technique. Il ne constitue pas, pour autant, un lexique industriel. Sa portée est beaucoup plus étendue puisqu'il veut rejoindre autant le consommateur que le travailleur au sens le plus large du terme. C'est ainsi qu'il témoigne du souci qu'a l'Office de la langue française d'enrichir et de rectifier la langue courante des Québécois (tout en consacrant certains canadianismes de bon aloi), même si son objectif prioritaire demeure la francisation des entreprises.

Le président,
Raymond GOSSELIN

Avant-propos

«... il n'y a rien qui tant soit
peu compte dans notre
expérience qui tôt ou tard ne
passe par le langage...»
Paul Imbs,
Trésor de la langue française

Nul ne s'aviserait de nier que, depuis des temps fort
lointains, l'habillement est un élément de civili-
sation important, et ce moins à cause de sa fonction
protectrice qu'en raison du rôle complexe qu'il joue
dans les relations humaines. De nos jours, le vêtement occupe une place plus grande que jamais dans
notre société capitaliste en tant que bien de con-
sommation par excellence. En effet, les articles
vestimentaires étant soumis aux ukases d'une
mode qui varie à un rythme sans cesse croissant, on
en achète beaucoup plus que l'on n'en use. Cela
signifie donc que l'on en crée, fabrique, vend et parle
énormément. Depuis l'apparition du prêt-à-porter et
le développement de l'information tant publicitaire
que journalistique, on assiste à la diffusion massive
de ce que Roland Barthes appelle, dans le *Système de la mode*, le «vêtement écrit», c'est-à-dire
décrit. C'est ainsi que se véhicule une langue
spécialisée dont le vocabulaire, parce qu'il a bien
peu retenu l'attention des lexicographes francophones, évolue d'une façon anarchique, ce qui
constitue une source de confusion pour les sujets
parlants, soit dans leur existence personnelle, soit
dans l'exercice de leur profession.

Issu du pressant besoin de précision et de clarté
qui se fait sentir dans la terminologie vestimentaire,
cet ouvrage est destiné au grand public en général,
mais plus particulièrement aux rédacteurs publicitaires, aux chroniqueurs de mode, aux traducteurs,
aux enseignants ainsi qu'à tous ceux qui oeuvrent
dans les domaines de la fabrication et du commerce
de l'habillement. L'instrument de connaissance
qui leur est fourni ne porte pas, à proprement parler,
sur la mode, quoiqu'il n'y soit pas étranger, le corpus
sur lequel nous avons travaillé n'étant pas intempo-
rel. Ainsi, on y chercherait en vain des articles qui
traitent des styles ou des couleurs. Par ailleurs,
on n'y trouvera pas davantage de nomenclature
relative à la chaussure ou aux textiles, ces domaines
faisant l'objet d'autres publications de l'Office de la
langue française.

Essentiellement, la présente publication comprend
des noms de vêtements, de parties de vêtements

et d'accessoires vestimentaires, les sacs et les bijoux ayant été exclus parce qu'ils ne sont que des compléments de la toilette. Ont été également **recensés** certains autres termes relatifs à l'habillement (verbes, locutions, noms de mesures et de longueurs, etc.), ou faisant partie de domaines connexes (comme la coupe, la couture, la mercerie, la passementerie), et qui peuvent servir à l'identification ou à la description d'un vêtement, sans toutefois constituer un lexique de l'étiquetage.

Comme notre propos n'était pas d'étudier la terminologie du costume, nous avons écarté les dénominations des vêtements militaires, religieux, **liturgiques**, nationaux, folkloriques, etc., à l'exception de ceux d'entre eux qui ont été adaptés et largement diffusés par la mode, et dont la forme originelle n'a été que brièvement évoquée. En outre, nous n'avons répertorié que les vocables et acceptions qui correspondent à des réalités actuelles. Notre sélection, il faut le reconnaître, comporte une part d'arbitraire qui est inévitable, car la notion d'actualité, ici, n'est pas facile à cerner avec précision. Ainsi, nous n'avons pas retenu le mot *crinoline* qui, pour la jeunesse d'aujourd'hui, appartient exclusivement à l'histoire. **Pourtant, le nom comme la chose peuvent ne pas** paraître tellement désuets aux plus de trente-cinq ans qui, après la seconde guerre mondiale, ont connu une version modernisée de cet encombrant jupon du XIXe siècle, version qui risque de retrouver de la vogue à plus ou moins brève échéance, à la faveur de la mode rétro. Par contre, *frac*, synonyme légèrement vieilli d'habit, a été enregistré parce qu'il n'est pas complètement disparu de l'usage et qu'il désigne un vêtement qui se porte encore de nos jours.

Au cours de la rédaction de ce vocabulaire, on nous a souvent demandé comment nous procédions pour dresser l'inventaire de tous les vocables devant y figurer. Cette question nous paraissait d'autant plus pertinente que, malgré de sérieuses recherches, nous n'avions pu découvrir aucun répertoire un tant soit peu étendu de termes français relatifs à l'habillement. C'est dire que, en plus de puiser dans

notre propre expérience quotidienne, nous avons
dû compulser une masse imposante de documents,
en commençant par les grands dictionnaires de
langue ou de type linguistique-encyclopédique, le
Robert nous servant de guide grâce à ses nombreux
renvois analogiques. Mais, comme les dictionnaires
sont forcément en retard sur l'usage, particulièrement dans un domaine comme l'habillement, nous
avons en outre dépouillé, notamment, des recueils
de néologismes, des traités portant sur la confection
des vêtements, et surtout des catalogues de grands
magasins, des revues féminines, des périodiques
spécialisés consacrés à la mode, aux industries
et au commerce de l'habillement.

Nous avons choisi le français comme langue de
départ pour, d'abord, faire connaître aux Québécois
toutes les ressources de leur propre langue. Ainsi,
nous évitions de ne mettre à leur disposition qu'un
vocabulaire de traduction où certains mots français
n'auraient pu trouver place, faute d'être pourvus
d'équivalents anglais. Évidemment, les exigences
de la traduction de l'anglais vers le français, qui sont
si impérieuses chez nous, n'ont pas été perdues de
vue pour autant, comme en fait foi l'index qui permet
de repérer les quelque mille termes anglais que
comprend notre ouvrage.

Par ailleurs, il nous a paru utile d'ajouter un index
des termes français contenus dans les articles,
et qui nous ont semblé présenter un intérêt particulier, mais que nous n'avons pas cru devoir retenir
comme entrées. Enfin, un index des principales
formes fautives - nous n'avons pu, ni voulu, réperto-
rier toutes les erreurs de langage imaginables - est
destiné à aider le lecteur, qui doute de la justesse
d'un terme absent de la nomenclature, à découvrir
s'il s'agit d'une incorrection et, le cas échéant, la
forme correcte correspondante. Car le *Vocabulaire
de l'habillement,* qui a été conçu dans une optique
essentiellement didactique comme en témoignent
particulièrement ses nombreuses planches d'illustrations, a pour but premier de combler les lacunes
du vocabulaire disponible des Québécois et de

corriger les impropriétés, barbarismes, anglicismes et canadianismes de mauvais aloi les plus répandus.

Toutefois, sans vouloir relancer l'épineux débat sur l'accueil des mots anglais, soulignons que l'on ne devrait pas se scandaliser des quelques emprunts que nous avons entérinés. Étant donné l'interférence accrue des civilisations qui résulte de l'essor des communications internationales, une certaine osmose d'ordre linguistique est inévitable. Cependant, nous avons tenté d'éviter à la fois l'anglomanie des publicitaires français et l'anglophobie de ceux des locuteurs québécois qui souffrent d'un insécurité linguistique caractérisée et très compréhensible.

C'est d'ailleurs à l'intention de ces derniers que nous avons mentionné, à côté de la catégorie grammaticale de l'entrée, le pluriel de nombreux mots composés, même quand sa formation ne semblait pas présenter de difficulté sérieuse. Cette précaution n'est pas inutile si l'on en juge par le nombre de questions posées quotidiennement à ce sujet au service de consultation de l'Office de la langue française.

Même s'il a d'abord été conçu en fonction des besoins de la population du Québec, nous osons espérer que le *Vocabulaire de l'habillement* pourra être utile aux autres communautés linguistiques francophones, ne serait-ce qu'en venant remplir, dans la production lexicographique de langue française, un vide qui ne laisse pas d'être étonnant. En effet, la France ayant toujours fait figure de chef de file en matière vestimentaire, il aurait semblé naturel que l'on s'y intéressât à la terminologie de l'habillement, au moins autant que chez nos voisins américains. Au contraire, les dictionnaires relatifs au vêtement font étrangement défaut, en France, tandis que les dictionnaires généraux y sont plutôt déficients dans le domaine, tant au point de vue de la nomenclature que sur le plan des définitions. Pourrait-on expliquer cet état de choses par une répugnance, consciente ou non, des lexicographes à un travail plus ou moins associé, dans leur esprit, à l'idée de «parler chiffons», activité futile qui serait,

selon eux, davantage affaire de femmes que de
savants linguistes?

Nous préférons croire que là n'est pas le problème,
ce dernier résidant peut-être dans la nature particulière des difficultés que présente un sujet paradoxa-
lement ingrat. Évidemment, la recherche terminolo-
gique relative à l'habillement ne comporte pas
l'étude de notions techniques ou scientifiques très
compliquées et peut, de ce fait, paraître relativement
aisée. Mais c'est justement parce que le lexique
vestimentaire n'a rien à voir avec la science, et fort
peu avec la technique, que le lexicographe se trouve
démuni en sa présence. Sur quelle somme de
connaissances rigoureusement établie et mise à
jour peut-il fonder ses travaux? Il en est réduit à
glaner à droite et à gauche, dans les traités de coupe
et de couture, la presse, la publicité et même la
littérature, des bribes de notions, des éléments de
définitions qui, le temps d'être réunis et analysés,
sont souvent déjà périmés. Car la rapidité avec
laquelle la langue de l'habillement se transforme
est liée à l'accélération actuelle de l'évolution de
la mode vestimentaire, peut-être la plus grande que
l'histoire ait jamais connue. Non seulement de
nouveaux termes naissent sans cesse, tandis que
d'autres ressuscitent ou sont promptement relégués
aux oubliettes, mais surtout les acceptions se
modifient fréquemment, ce qui ne constitue pas la
moindre des raisons pour lesquelles définir un
nom de vêtement devient un exercice de sémantique
singulièrement périlleux. Comme le constate fort
justement Maurice Schöne dans *Vie et mort des
mots,* parmi les causes des changements sémanti-
ques, «le rôle de la mode est considérable, surtout
si nous prenons le mot *mode* avec son sens restreint
d'adaptation immédiate au goût du jour. Pour
étiqueter telle manifestation de la mode, ou l'on se
sert d'un mot déjà existant auquel on donne un sens
nouveau, ou l'on crée un mot nouveau. La mode
tombée (et le fait est souvent très rapide), le mot
(ou le sens) tombe avec elle, à moins qu'il n'aille
servir ailleurs.» Ainsi, le terme *caraco* est un parfait
exemple de la fluidité d'un vocabulaire sur lequel
le lexicographe a parfois peu de prise. Considéré

comme désuet ou rural par les dictionnaires, ce vocable est pourtant souvent employé par les publicitaires et rédacteurs de mode actuels, en France. En outre, le genre, à vrai dire assez imprécis, de corsage auquel on l'applique n'a souvent plus grand-chose de paysan.

Bien entendu, l'équipe de rédaction s'est efforcée de décrire les articles vestimentaires sous leur aspect le plus classique, donc le moins transitoire. Cependant, sans aller jusqu'à prétendre, comme le faisait Bruno du Roselle en 1973 dans *La Crise de la mode*, que «le classique réel a totalement disparu», nous n'avons pu faire abstraction des variations les plus importantes imposées par la mode des derniè-res années. Mais il s'agissait, avant tout, d'éviter un double piège. En effet, nous devions nous garder d'une crainte exagérée de nous compromettre, qui nous aurait fait définir le signifiant d'une façon tellement schématique que le signifié en serait devenu difficilement identifiable par le lecteur. En revanche, il fallait résister à la tentation d'une trop grande précision qui nous aurait amenées à entrer dans un luxe de détails susceptibles de faire vieillir prématurément le présent ouvrage.

La question délicate des traits sémantiquement pertinents qui se pose à tout lexicographe devient, dans le domaine de l'habillement, particulièrement ardue. On le croira aisément si l'on a remarqué à quel point nombre de définitions des grands dictionnaires relatives au vêtement peuvent être vagues. Qu'est-ce qui fait, au juste, qu'un article vestimentaire se différencie spécifiquement d'un autre? Quelles sont donc les caractéristiques permettant de le reconnaître et de le nommer avec facilité et certitude? Et parmi celles-ci, lesquelles sont essentielles et lesquelles sont accessoires? Tout le problème est de savoir à partir de quelle modification un article cesse d'être lui-même pour en devenir un autre et changer de nom. Ainsi, on pourrait croire qu'une caractéristique fondamentale du blouson est de blouser. Néanmoins, la mode a imaginé des blousons qui ne blousent pas et qui n'en ont pas, pour autant, perdu leur nom. Par contre, il se crée tous les jours une multitude de modèles de vêtements hybrides que l'on est réduit à désigner par des périphrases, parce qu'ils ne correspondent à aucune dénomination existante. On s'essoufflerait vite à vouloir les baptiser tous, d'autant plus qu'il faudrait agir avec une extrême rapidité, vu le caractère éphémère de la plupart d'entre eux.

Né, comme toutes les terminologies, de la nécessité de faciliter la communication entre les humains, ce travail devrait être considéré comme un essai, en ce sens qu'il est le premier du genre et qu'il n'a pas la prétention d'épuiser un sujet en perpétuelle mutation. Tout en prenant soin de ne pas faire du *Vocabulaire de l'habillement* une sorte de denrée périssable, nous avons voulu, pourrais-je dire en pastichant les frères Goncourt, y représenter l'ondoyante réalité vestimentaire dans sa vérité momentanée.

Au terme d'un long et patient labeur, je désire remercier les personnes qui, successivement et pendant des périodes plus ou moins prolongées, ont pris part à l'élaboration du *Vocabulaire de l'habillement.* Je tiens à souligner particulièrement l'importance de la participation de mesdames Ghislaine Pesant et Marguerite Montreuil aux travaux de rédaction, cette dernière ayant été ma principale collaboratrice sans laquelle le présent ouvrage ne serait pas ce qu'il est.

Ma gratitude va également aux professeurs Jean Darbelnet et Gaston Dulong, de l'université Laval, ainsi qu'au docteur Jacques Boulay, membre de l'Office de la langue française, pour avoir accepté de réviser l'édition provisoire de ce vocabulaire.

Enfin, je veux exprimer ma reconnaissance à madame Philomène Talbot, ex-bibliothécaire de l'Office de la langue française (aujourd'hui retraitée), pour l'aide précieuse qu'elle m'a apportée dans la recherche de sources documentaires.

Céline DUPRÉ

Absolt	absolument
Adj.	adjectif
Angl.	anglais
Ex.	exemple
Ill.	illustration
Invar.	invariable
Loc. adj.	locution adjectivale
Loc. adv.	locution adverbiale
N.f.	nom féminin
N.m.	nom masculin
Par ext.	par extension
Pl.	pluriel
Plus spécialt	plus spécialement
REM.	remarque
Syn.	synonyme
V. intr.	verbe intransitif
V. pron.	verbe pronominal
V. tr.	verbe transitif

A

1. agrafe, n.f.
hook and eye

Petit crochet de métal que l'on fait passer soit dans un anneau (ou porte) en forme de fer à cheval, soit dans une bride de métal, de cordonnet ou de fil et qui sert à joindre les bords d'une ouverture d'un vêtement ou d'une partie de vêtement.

2. aller, v. intr.
to fit (pour ce qui est de la taille ou de la coupe);
to suit (pour ce qui est du style et de la couleur)

Convenir, être adapté, en parlant d'une pièce d'habillement, de son style, de sa couleur, de sa coupe, de sa longueur, etc. Ex.: Cette robe lui va à ravir. Le vert va bien aux rousses. Il est faux que le maxi aille à tout le monde. Croyez-vous vraiment que ce chemisier aille avec cette jupe?

REM. Aux temps composés, l'usage veut que le verbe aller, pris dans ce sens, soit remplacé par *avoir été*. Ex.: Avec une ceinture, ce manteau t'aurait mieux été (plutôt que: *te serait mieux allé*).

Formes fautives:
a) faire (voir ce terme);
b) fiter (anglicisme).

3. ampliforme, n.m.

Synonyme de **coussinet** (voir ce terme).

4. anorak, n.m.
*anorak, parka,
ski jacket;
wind-jacket;
squall* (pour la mer)

Veste de sport avec ou sans capuche portée notamment pour le ski, le camping et à la mer. C'est un vêtement plus ou moins chaud selon l'usage auquel il est destiné, plutôt léger, imperméable, garni ou non de fourrure, souvent coulissé à la base et au capuchon et pourvu de manches longues resserrées aux poignets par un bord-côte élastique. À l'origine, l'anorak s'enfilait par la tête et comportait une poche centrale sur le devant. Le modèle le plus courant de nos jours se ferme entièrement devant par une glissière séparable. (Voir ill. nᵒˢ 41 et 42.)

Formes fautives:
a) cagoule (voir ce terme). On confond, dans la région de Québec, la cagoule et l'anorak parce que ce dernier, primitivement, se mettait en le faisant passer par-dessus la tête.
b) parka (voir ce terme).

5. application, n.f.

Synonyme d'**applique** (voir ce terme).

6. applique, n.f.
appliqué

Garniture obtenue par la superposition sur un vêtement d'une pièce de dentelle, de broderie ou d'autre matière, de couleur contrastante ou ton sur ton. (Voir ill. n° 142.)

Syn.: **application.**

7. **ardillon,** n.m.
   tongue, catch

Pointe de métal mobile fixée au milieu de la barrette d'une boucle de ceinture et que l'on introduit dans un des crans de celle-ci, pour l'assujettir. (Voir ill. n° 208.)

8. **armature** (de soutien-gorge), n.f.
   underwiring, wire

Chacun ou ensemble des demi-cercles de métal ou de matière plastique, camouflés à la base des bonnets d'un soutien-gorge, qui assurent un meilleur support à la poitrine tout en séparant bien les seins. (Voir ill. n° 156.)

9. **ascot,** n.f.
   (pl.: ascots)
   ascot tie

Large cravate rétrécie à la partie qui entoure le cou grâce à une série de plis parallèles cousus. Elle se noue lâchement sous le menton et ses extrémités en pointe tombent en se superposant. Elle se porte à l'intérieur d'un col de chemise ouvert. (Voir ill. n°s 273 et 274.)

Forme fautive:
lavallière (voir ce terme).

10. **attache,** n.f.
    fastening, fastener

1° Tout ce qui sert à attacher: agrafes, boutons, cordons, etc.

    fastening, fastener

2° Plus spécialt Cordon, ruban, etc., servant à fermer ou ajuster un vêtement. (Voir ill. n° 96.)

B

11. **baguette,** n.f.
    stitching

Dans un gant classique, motif ornant la partie qui recouvre le dessus de la main. Au nombre de trois, les baguettes sont formées de nervures ou de broderies simulant les métacarpes de l'index, du médius et de l'annulaire. (Voir ill. n° 21.)

12. **bâiller,** v. intr.
    to gape

Rester entrouverte, ne pas s'ajuster aux contours du corps, en parlant d'une ouverture d'un vêtement. Ex.: poche, encolure qui bâille.

13. **bain-de-soleil,**
    n.m. invar.
    sun-top

Petit corsage largement décolleté que l'on porte, en principe, pour bronzer. Il comporte soit une encolure en forme de licou qui laisse le dos et les épaules nus (angl.: *halter-top*), soit des bretelles. (Voir ill. n° 92.)

14. bandeau, n.m.
bandeau

1° Bande de tissu ou d'autre matière dont on s'entoure la tête.

cap-band

2° Dans certaines coiffures, partie qui entoure la tête, le front. Ex.: bandeau d'un képi.

bandeau

3° Soutien-gorge léger formé d'une simple bande de tissu et pourvu ou non de bretelles (souvent amovibles). Conçu pour les poitrines d'aspect juvénile, il peut faire partie d'un maillot de bain deux-pièces.

15. barboteuse, n.f.
romper(s), *crawler*(s)
creeper(s)

Sorte de combinaison de jour pour jeunes enfants, généralement constituée d'une blouse se prolongeant en culotte. Son corsage, le plus souvent à manches courtes, peut être remplacé par une bavette à bretelles. Sa culotte, souvent bouffante, est pourvue d'une patte d'entrejambe détachable.

16. barrette, n.f.
chape, bar

Traverse d'une boucle autour de laquelle vient se replier l'enchapure, et qui est généralement pourvue d'un ardillon. (Voir ill. n° 207.)

17. bas, n.m.
stocking, hose

Vêtement féminin tricoté à la main ou à la machine, qui gaine le pied et la jambe et monte plus haut que le genou. Il est généralement de nylon, de soie, de laine ou de coton. (Voir ill. n° 223.)

REM. C'est à tort qu'on emploie le mot bas dans un sens très général, en l'appliquant à des articles de longueurs différentes, ce qui prête à confusion.

18. bas-cuissarde, n.m.
(pl. bas-cuissardes)
thigh-high stocking,
overknee sock

Sorte de bas montant un peu au-dessus du genou, comme la cuissarde. (Voir ill. n° 224.)

19. bas-culotte, n.m.
(pl. bas-culottes)
panty hose

Ensemble de deux bas qui se prolongent de façon à former une culotte, renforcée ou non, qui est retenue par une ceinture élastique au niveau de la taille.

Syn.: **bas-slip, collant.**

REM. Le terme bas-culotte est employé au Québec.

Formes fautive:
bas-culotte employé au pluriel pour désigner un seul article.

20. bas-culotte non
renforcé, n.m.
all-nude panty hose

21. bas élastique, n.m.
support hose

Bas (ou bas-culotte) extensible que l'on porte dans le but de prévenir ou de diminuer la fatigue des jambes, ainsi que les troubles circulatoires pouvant causer la formation de varices.

Formes fautives:
a) bas de soutien;
b) bas-support;
c) bas de relaxation.

22. bas-jarretière, n.m.
(pl. bas-jarretières)
stay-up hose

Bas qui colle parfaitement à la jambe et qui est maintenu en place à l'aide d'une bande élastique fixée à la partie supérieure du bas.

REM. Ce terme est préférable à bas autofixant.

23. bas relevé, n.m.
cuff, turn-up

Synonyme de **revers de pantalon** (voir **revers** 1°).

24. basque, n.f.
lap (d'une veste);
skirt, tail (d'un habit)

1° Partie découpée d'une jaquette, d'un habit de cérémonie ou d'une veste qui descend plus bas que la taille. Ex.: basques arrondies d'un tailleur. (Voir ill. n° 61.)

REM. Dans ce sens, le mot basque s'emploie au pluriel.

peplum

2° Prolongement rapporté et parfois amovible d'une veste de femme ou d'un corsage, qui retombe en forme de petite jupe sur les hanches.

Forme fautive:
péplum

midriff band,
breathing band,
breathing waist

3° Bande extensible ou renforcée, de largeur variable, située à la base du soutien-gorge et qui assure le bon maintien de la poitrine. (Voir ill. n° 152.)

Forme fautive:
le mot basque employé pour revers d'un col (voir revers 2°).

25. bas résille, n.m. invar.
net stocking,
fishnet stocking

Bas de filet extensible.

26. bas-slip, n.m.
(pl. bas-slips)

Synonyme de **bas-culotte** (voir ce terme) et de **collant.**

27. bavette, n.f.
bib

1° Mot vieilli pour désigner le bavoir.

bib

2° Partie du tablier ou de la salopette qui remonte de la taille jusque sur la poitrine, formant ainsi plastron, et qui est généralement suspendue par des bretelles. (Voir ill. n° 85.)

28. **bavoir,** n.m.
bib

Pièce de lingerie de diverses formes qu'on attache autour du cou des jeunes enfants pour protéger leurs vêtements de la salive ou des aliments.

REM. Bavette (voir ce terme) au sens de bavoir est légèrement vieilli.

29. **bavolet,** n.m.
gun flap,
shoulder flap,
gun patch

Empiècement décollé appliqué sur les devants et le dos de certains manteaux et plus particulièrement des trench-coats. (Voir ill. n° 10.)

30. **béguin,** n.m.
bonnet

Sorte de bonnet que portent les femmes et les enfants, et qui s'inspire de la coiffe-capuchon des béguines. Il encadre le visage en dégageant le front et s'attache sous le menton.

31. **béret,** n.m.
beret

Sorte de coiffure souple, sans bords, ronde et plate ou bouffante. Elle emboîte la tête par un simple rebord ourlé ou par une bande droite.

32. **bermuda,** n.m.
Bermuda shorts

Genre de short étroit dont les jambes descendent plus ou moins près des genoux.

Forme fautive:
bermuda utilisé au pluriel pour désigner un seul vêtement.

33. **berthe,** n.f.
bertha, bertha collar

Parure faite le plus souvent de lingerie, formant collet ou courte pèlerine, qui se porte sur ou au-dessus d'un corsage. Elle sert à encadrer ou à diminuer un large décolleté ou orne une encolure ronde, en couvrant les épaules à des degrés divers.

34. **bikini,** n.m.
bikini

Costume de bain deux-pièces pour femme, composé d'un soutien-gorge très échancré et d'une culotte triangulaire extrêmement réduite.

35. **blazer,** n.m.
blazer

Veste sport croisée ou non, couvrant les hanches et pourvue de manches longues. Elle est caractérisée par son col cranté aux longs et larges revers, et ses poches plaquées. Primitivement fait de flanelle aux rayures verticales de couleurs flamboyantes auxquelles il doit son nom tiré du verbe anglais *to blaze*, ce vêtement est aujourd'hui confectionné dans les étoffes les plus diverses, plus ou moins légères, unies, rayées, quadrillées ou imprimées, de couleurs vives ou sombres (souvent marine). Il peut être gansé, orné de boutons de métal armoriés ainsi que d'un écusson sur la poche poitrine.

REM. Ne pas prononcer à l'anglaise.

36. bleu(s), n.m.
overalls, dungarees

Terme générique désignant différents vêtements de travail (salopette, cotte et, principalement, combinaison) confectionnés dans une forte toile ou un gros coton lavables, de couleur bleue, le plus souvent portés sur les autres habits pour les protéger. Ex.: Mettre des bleus de travail, un bleu de mécanicien, un bleu de chauffe. (Voir ill. n° 69.)

37. blousant, e, adj.
bloused

Qui blouse (voir **blouser**).

38. blouse, n.f.
blouse, shirtwaist

1° Vêtement féminin de lingerie ou de cotonnade, avec ou sans manches, qui couvre le buste.

blouse, over-blouse

2° Plus spécialt Corsage souple, non ajusté, souvent boutonné dans le dos, s'arrêtant à la taille ou aux hanches, et qui se porte sur ou sous une jupe, un pantalon. Glissé à l'intérieur de ses derniers, il blouse légèrement.

REM. Dans l'usage, les termes blouse et **chemisier** (voir ce terme) s'emploient souvent l'un pour l'autre.

blouse, smock;
lab coat
(de laboratoire)

3° Sorte de manteau ou de veste de protection en toile robuste ou en cotonnade, droite ou flottante, qui se boutonne devant, au milieu ou sur le côté, ou encore derrière, et comporte le plus souvent de grandes poches plaquées. Ex.: blouse professionnelle; blouse de médecin, de laboratoire (voir ill. n° 77), d'artiste, de ménagère.

Formes fautives:
a) couvre-tout, terme qui n'existe pas en français;
b) sarrau (voir ce terme) au sens de blouse de laboratoire;
c) chienne, pour blouse de laboratoire;
d) blouse au sens de veston (voir ce terme).

39. blouser, v. intr.
to blouse

Produire un effet de bouffant au-dessus de la ceinture, en parlant d'un vêtement assez ample et resserré à la taille.

40. blouse-robe, n.f.
(pl. blouses-robes)

Synonyme de **robe-tablier** (voir ce terme) et de **robe de maison.**

41. blouse-tablier, n.f.
(pl. blouses-tabliers)

Voir **tablier-blouse.**

42. blouson, n.m.
windbreaker, blouson
battle jacket

Sorte de veste de sport ou de ville, courte et ample, s'arrêtant à la taille où elle est resserrée par un bord-côte ou une ceinture montée (avec ou sans élastique) qui font blouser le vêtement. Ce dernier est souvent réalisé en cuir ou en tissu imperméabilisé, et ses manches longues se terminent ordinairement par des poignets. (Voir ill. n°s 108 et 109.)

REM. Les paradoxes de la mode font qu'il existe également de nombreux blousons non blousants et près du corps.

Forme fautive:
coupe-vent au sens de blouson est un calque de l'anglais windbreaker.

43. **blouson d'entraînement,** n.m.	Voir **pull d'entraînement.**

44. **blue-jean,** n.m. (pl. blue-jeans)	Synonyme de **jean** 1°.

REM. C'est à tort que l'on emploie blue-jean pour désigner n'importe quelle sorte de jean.

45. **boa,** n.m. *boa*	Par analogie de forme avec le reptile du même nom, long rouleau de plumes ou de fourrure que les femmes portent en guise d'écharpe en l'enroulant autour du cou et en laissant flotter les bouts. (Voir ill. n° 271.)

46. **bob,** n.m. *gob hat*	Sorte de cloche de tissu souple, souvent de toile ou autre matière convenant aux coiffures estivales. La calotte est habituellement formée de quatre côtes. La passe (ou bord) en forme, surpiquée, de largeur uniforme, se porte soit baissée pour ombrer le visage, soit relevée dans le style de la coiffure des matelots américains dont le bob s'inspire. (Voir ill. n°s 240 et 241.)

47. **boléro,** n.m. *bolero*	Petit vêtement d'origine espagnole, dont la forme rappelle plus ou moins celle du gilet. Il est généralement dépourvu de col, de revers et de manches, ne descend pas plus bas que la taille mais, le plus souvent, s'arrête au-dessus et ne se ferme pas. Surtout décoratif, il fait généralement partie d'un ensemble féminin et se porte sur un corsage ou un tricot.

48. **bombe,** n.f. *riding cap*	Casquette demi-sphérique, qui fait partie de la tenue d'équitation et dont s'inspirent certaines coiffures féminines de ville. Elle est habituellement de velours noir tendu sur une forme ridige et peut comporter une jugulaire. (Voir ill. n° 267.)

49. **bonnet,** n.m. *cap, toque*	1° Coiffure simple, sans bord, emboîtant la tête. Elle se fait en différentes matières souples: laine tricotée, fourrure, dentelle, etc. (Voir ill. n° 35.)

Formes fautives:
a) casque (voir ce terme) au sens de bonnet de fourrure;
b) tuque (voir ce terme) pour n'importe quel bonnet de laine;
c) capine pour bonnet de laine.

brassiere cup

2° Chacune des poches d'un soutien-gorge qui supportent les seins et galbent la poitrine. (Voir ill. n° 153.)

50. **bonnet de bain,** n.m.
bathing-cap

Bonnet avec ou sans jugulaire que l'on porte pour faire de la natation. Il est de matière imperméable et épouse étroitement la forme de la tête pour protéger les cheveux et les oreilles.

Forme fautive:
casque de bain (voir casque).

51. **bonnette,** n.f.
bonnet (d'enfant);
cap (de bébé)

Petit bonnet d'enfant retenu par des brides nouées sous le menton. Certaines bonnettes sont ajustées de façon à éviter que les oreilles des nourrissons se décollent.

Forme fautive:
capine.

52. **bord,** n.m.
edge

1° Extrémité, limite d'un vêtement ou d'une partie de vêtement. Ex.: bord frangé d'un poncho, d'un châle.

border, trim

2° Bande d'une matière quelconque (étoffe, cuir, etc.) rapportée à l'extrémité d'une partie de vêtement afin de la garnir ou de la protéger. Ex.: bord en fourrure d'une pelisse; bords élastiques des jambes d'une gaine-culotte.

Syn.: **bordure.**

Formes fautives:
a) bande de jambe, pour bord de jambe (d'une gaine-culotte, etc.);
b) bord employé au sens d'ourlet au bas d'un vêtement.

brim

3° Partie qui borde la calotte d'un chapeau.

REM. Les modistes disent **passe** (voir ce terme) quand il s'agit d'une coiffure féminine.

hem, welt

4° Ourlet d'un gant. Ex.: Le bord chemisier d'un gant est un ourlet assez large et surpiqué.

53. **bord à bord,** loc. adj. invar.
edge-to-edge

Se dit surtout: a) d'un vêtement dont les bords des devants se rencontrent bord à bord. Ex.: veste bord à bord.

b) du système de fermeture d'un vêtement dans lequel les bords de l'ouverture sont mis bord à bord. Ex.: boutonnage bord à bord pourvu de brides.

54. bord à bord, loc. adv.
edge-to-edge

Manière dont se rencontrent deux bords en demeurant vis-à-vis l'un de l'autre ou l'un contre l'autre, sans se croiser. Ex.: Ce manteau ferme bord à bord.

55. bord-côte, n.m.
(pl. bords-côtes)
ribbing, rib trimming, welt

Bord en tricot à côtes qui resserre, renforce ou garnit les ouvertures d'un vêtement. Ex.: bord-côte d'une chaussette; bord-côte à la base d'un blouson, d'un cardigan; bord-côte aux manches ou à l'encolure d'un chandail; bord-côte aux jambes d'un pantalon. (Voir ill. n° 135.)

56. bordure, n.f.

Synonyme de **bord** (voir ce terme 2°).

57. boucle, n.f.
buckle

1° Sorte d'anneau de matière et de forme variables, comportant une barrette généralement munie d'un ardillon, dans lequel on glisse une ceinture, une courroie, une bride de chaussure, pour l'assujettir ou en guise d'ornement. (Voir ill. n° 206.)

buckle

2° Large agrafe métallique faisant office de boucle.

58. bouffant, n.m.
puff

1° Partie bouffante d'un vêtement. Ex.: bouffant latéral d'une culotte de cheval.

bloomers

2° Voir **culotte bouffante** 2°.

59. bouffante, e, adj.
puffed

Se dit d'un vêtement ou d'une partie de vêtement qui présente un aspect gonflé. Ex.: manche bouffante.

60. bouillonné, n.m.
shirring

Sorte d'applique ou d'entre-deux dont on orne certains vêtements, particulièrement les pièces de lingerie. Il est constitué d'une bande de tissu froncée sur ses deux bords.

61. bouillonner, v. tr.
to shirr

Froncer un tissu pour former un bouillonné, des bouillons.

62. bouillons, n.m. pl.
puff

Dans un tissu ou une étoffe qui a du corps, grosses fronces qui restent gonflées. Ex.: collerette à bouillons (angl.: *puffed collaret*).

63. bourdalou, n.m.
hatband

Ruban gros-grain qui entoure la base d'un chapeau au-dessus du bord. (Voir ill. n° 24.)

64. bourgeron, n.m.
blouse, overall

1° Ample blouse de travail, en grosse toile écrue, courte ou trois quarts, froncée au cou, à col rabattu et à manches longues légèrement bouffantes.

fatigue dress

2° Veste de toile que les soldats portent pour les corvées ou l'exercice.

65. bout (de bas), n.m.

Synonyme de **pointe** (voir ce terme 2°).

66. bouton, n.m.
button

Petite pièce de matières diverses (plastique, os, bois, nacre, métal, céramique, etc.), que l'on fixe aux vêtements comme fermeture ou comme garniture. Généralement arrondie, elle peut être aussi de formes extrêmement variées.

67. bouton armorié, n.m.
insignia button

Bouton métallique d'uniforme, de blazer, de caban, etc., portant estampés ou gravés des attributs particuliers.

68. bouton de faux-col, n.m. (pl. boutons de faux-cols)
collar button, stud

Sorte de bouton monté sur une tige à bascule qui sert à retenir le faux-col au pied de col d'une chemise au moyen de boutonnières.

Forme fautive:
stud.

69. bouton de manchette, n.m. (pl. boutons de manchettes)
cuff link

Sorte de bouton destiné à fermer bord à bord les poignets de chemise ou de chemisier et plus particulièrement les manchettes. Le plus souvent en métal, il est fixé sur une tige qui se termine par une petite bascule qui permet son passage dans les boutonnières et empêche la manchette de s'ouvrir. (Voir ill. n° 57.)

REM. Le bouton de manchette peut aussi être un bouton jumelé (voir ce terme 2°).

Forme fautive:
stud.

70. bouton de rappel, n.m.
inside button

Bouton placé à l'intérieur d'un vêtement croisé (veston, manteau) pour maintenir en place le devant qui passe sous l'autre.

71. bouton jumelé, n.m.
button-and-chain closing

1° Chacun des deux boutons semblables reliés entre eux par une chaînette ou un lien quelconque, em-*ployés pour fermer les ouvertures bord à bord* d'un vêtement. Ex.: veston droit à boutons jumelés.

cuff link, sleeve link

2° Chacun des deux boutons semblables reliés par une chaînette, une bride ou un autre lien et qui sert à fermer une manchette. Ex.: bouton de manchette jumelé d'un poignet mousquetaire.

REM. Jumelle et bouton jumelle que l'on rencontre aussi paraissent abusifs.

72. boutonnage, n.m.
buttoning

1° Action de boutonner un vêtement ou une partie de vêtement. Ex.: Les boutonnières doivent être assez grandes pour faciliter le boutonnage.

buttoning	2° Système de fermeture d'un vêtement, composé de boutons retenus par des boutonnières, des brides, etc. Ex.: boutonnage sous patte (angl.: *fly front closing*) d'un manteau. (Voir ill. n° 15.)
73. **boutonner,** v. tr. ou pron. *to button, to button up*	1° Réunir les deux côtés d'une ouverture d'un vêtement au moyen de boutons que l'on introduit dans des boutonnières, des brides ou des brandebourgs. Ex.: Tout en parlant, elle boutonnait et déboutonnait le rabat de sa poche.
V. pron. ou intr. *to button*	2° En parlant d'un vêtement, d'une ouverture de vêtement, se fermer au moyen de boutons. Ex.: Les robes-manteaux se boutonnent (ou boutonnent) devant.

REM. La forme pronominale est plus courante quand il s'agit d'un vêtement. Quant on parle d'une personne on emploie aussi, familièrement, la forme pronominale réfléchie, sans complément d'objet indirect. Ex.: Boutonnez-vous avant de sortir.

74. **boutonnière,** n.f. *buttonhole*	1° Petite fente pratiquée dans un vêtement pour y passer un bouton. On lui donne différents noms suivant sa forme et la manière dont elle est bordée. Ex.: boutonnière brodée, passepoilée.
buttonhole	2° S'emploie absolument pour désigner la boutonnière du revers du veston. Ex.: Il porte toujours l'oeillet à la boutonnière.
75. **bouton-pression,** n.m. (pl. boutons-pression) *snap, dome fastener*	Système de fermeture formé de deux disques métalliques emboutis, que l'on fixe sur les bords d'une ouverture et qui s'accouplent par une simple pression des doigts et qu'un ressort maintient fermé.

REM. On dit, par ellipse, **pression** (n. f. ou m.)

76. **bouton recouvert,** n.m. *covered button, self-covered button, self button*	Bouton gainé de tissu, d'étoffe, de cuir ou d'autre matière.
77. **bracelet,** n.m. *narrow cuff*	Petit poignet très étroit que l'on trouve le plus souvent au bas de la manche ballon. (Voir ill. n° 191.)
78. **braguette,** n.f. *fly*	Ouverture verticale située au milieu du devant d'un pantalon, d'une culotte. Elle se ferme par un boutonnage ou une glissière, ordinairement dissimulés sous le bord replié de l'ouverture. (Voir ill. n° 110.)

79. **brandebourg,** n.m.
    frog

Pièce de passementerie qui tient lieu à la fois d'orne-ment et de fermeture. Faite habituellement de galon, elle peut border une boutonnière ou former une bride de boutonnage. Elle relie souvent deux boutons i-dentiques généralement de forme allongée que l'on nomme, selon leur forme, **olives, bûchettes,** etc. (angl.: *toggle*). Elle peut aussi se fermer au moyen d'un bouton formé d'un entrelacement du même ga-lon que le brandebourg. (Voir ill. nos 31 et 176.)

80. **brassière,** n.f.
    brassiere, midriff top

1° Petit corsage d'étoffe légère plus ou moins décol-leté, avec ou sans manches, qui découvre entière-ment la taille et se porte généralement l'été, pour le sport, avec une jupe, un pantalon ou un short. (Voir ill. n° 94.)

vest, wrap-over top, infant bodice

2° Première chemise à manches pour bébé, servant de vêtement de dessous quand elle est en fin tis-su ou tricot de coton, en finette, etc., et de vête-ment de dessus quand elle est faite de laine trico-tée. La plus classique se croise dans le dos et s'attache latéralement par des cordons.

Il en existe un autre modèle très courant appelé **bras-sière américaine.** Dépourvue d'attaches, cette derniè-re est caractérisée par sa croisure aux épaules (et non dans le dos) qui permet à l'encolure de s'agran-dir au passage de la tête.

81. **bretelles,** n.f. pl.
    shoulder-strap, strap

1° Bandes étroites qui passent sur les épaules et qui joignent le dos et le devant d'un soutien-gorge (voir ill. n° 154), d'une combinaison-jupon, d'un corsage décolleté. Ex.: bretelles d'un bain-de-so-leil; bretelles multipositions (angl.: *multi-adjusta-ble straps*) d'un soutien-gorge; bretelles réglables (angl.: *adjustable straps*) d'une combinaison.

Syn.: **épaulette (s).**

suspenders, braces

2° Bandes de cuir souple, d'élastique ou de tissu qui, généralement croisées dans le dos, passent par-dessus les épaules et soutiennent les panta-lons d'homme, les culottes de garçon, les salo-pettes, les jupes et les tabliers.

REM. Il peut arriver que ce mot s'emploie au singulier. Ex.: Une bretelle de son tablier est décousue.

82. **breton,** n.m.
breton, breton hat

Chapeau de femme à calotte ronde dont le bord, de largeur uniforme, est ample et recourbé vers le haut tout autour.

83. **bride,** n.f.
loop

1° Sorte de petit arceau formé d'un cordon, d'une ganse, etc., cousu au bord d'une ouverture de vêtement et tenant lieu de boutonnière.

Forme fautive:
ganse.

tie, string

2° Chacun des deux liens se nouant habituellement sous le menton et qui servent à retenir certaines coiffures.

84. **bride de suspension,** n.f.
hanger loop

Petit arceau, formé d'un ruban, d'un cordon, d'une chaînette, etc., fixé à l'intérieur d'un vêtement, au niveau de la nuque, et qui sert à le suspendre.

Forme fautive:
ganse.

85. **burnous,** n.m.
bunting bag

1° Vêtement d'hiver pour les nourrissons, ayant la forme d'une cape à capuchon, mais qui peut aussi affecter celle d'un sac fermé devant par une glissière. Dans ce dernier cas, il s'appelle aussi **nid d'ange** (voir ce terme).

Formes fautives:
a) enveloppe;
b) sac de couchage

burnous, burnoose

2° Nom donné à certains manteaux (ou parfois à des capes) à capuchon et manches longues, de style dépouillé, et descendant jusqu'à la cheville, qui s'inspirent du grand vêtement enveloppant des Arabes appelé burnous. La mode féminine en fait souvent une sortie de bain.

REM. Ne pas confondre burnous et **djellaba** (voir ce terme).

86. **bustier,** n.m.
strapless brassiere

1° Soutien-gorge sans épaulettes qui se prolonge jusqu'à la taille. Ses bonnets préformés et pourvus d'armatures, de baleines, emboîtent et maintiennent les seins. (Voir ill. n° 158.)

strapless top

2° Corsage décolleté et sans bretelles de même forme et de même longueur que le sous-vêtement précédent, qui laisse les épaules nues et moule généralement le buste. Il fait partie d'une tenue du soir ou de plage. Ex.: robe de bal à bustier (angl.: *strapless evening gown*); maillot de bain bustier (angl.: *strapless bathing suit*); short et bustier extensible assortis. (Voir ill. n° 159.)

C

87. caban, n.m.
pea jacket, reefer

1° Court paletot sport de ligne droite, à double boutonnage et large col tailleur, généralement en drap marine ou beige, comportant au niveau des hanches deux poches à rabat surmontée de deux poches verticales dites repose-bras. (Voir ill. n° 38.)

pea jacket, reefer

2° Épais manteau à capuchon porté par les marins.

88. cache-coeur, n.m. invar.
wrap-over top,
cross-over top,
front wrap top

Corsage ou tricot enveloppant, à manches courtes ou longues, dont les devants, qui se croisent largement, forment une encolure en V et sont munis de liens se nouant à la taille, généralement dans le dos ou sur la hanche gauche. (Voir ill. n° 95.)

89. cache-col, n.m. invar.
scarf

Petite écharpe de soie, de laine ou de rayonne que les hommes portent autour du cou pour protéger le col de leur chemise des frottements du veston ou du pardessus ou pour se garantir du froid.

90. cache-corset, n.m. invar.
corset cover,
camisole

1° Pièce de lingerie fine couvrant le torse, que les femmes portaient, comme son nom l'indique, pour cacher le corset. Son haut, retenu par de larges bretelles de dentelle et coupé droit au-dessus du buste, était froncé au moyen d'un ruban passé dans une dentelle à trou-trou. Coulissé à la taille, il se prolongeait en une courte basque.

camisole

2° Version moderne de l'ancien cache-corset dont la mode rétro a fait un corsage léger.

camisole

3° Petit sous-vêtement, inspiré de l'ancien cache-corset, que l'on met, de nos jours, sous un corsage transparent quand le port de la combinaison ne convient pas, par exemple avec le pantalon. Il couvre le torse et sert à dissimuler le soutien-gorge.

91. cache-maillot, n.m. invar.
cover-up

Vêtement léger, de coupe et de matière variables, que les femmes portent à la plage par-dessus un maillot avant ou après la baignade.

Syn.: **sur-maillot.**

92. cache-nez, n.m.
muffler, comforter

Longue écharpe, le plus souvent en laine, qu'on enroule autour du cou de façon à couvrir le bas du visage pour se protéger contre le froid. (Voir ill. n° 272.)

93. **cache-poussière,** n.m. invar.
duster

Léger vêtement de dessus coupé comme un manteau, destiné à protéger les habits contre la poussière.

94. **cache-sexe,** n.m. invar.
mini bikini

Culotte minuscule qui s'inspire du cache-sexe porté sur scène par certaines artistes du music-hall ou de cabaret. De forme triangulaire, elle est généralement faite de dentelle ou de maille extensible.

95. **cafetan,** n.m.
caftan, kaftan

Vêtement long et vague, de tissu léger parfois vaporeux, inspiré du manteau du même nom qui se portait dans le Proche-Orient et que les femmes mettent pour les soirées, la détente ou la plage.

96. **caftan**

Préférer **cafetan** (voir ce terme).

97. **cagoule,** n.f.
face mask

1° Sorte de coiffure de laine qui, comme la cagoule des pénitents, recouvre entièrement le visage, sauf à l'endroit des yeux et de la bouche où des ouvertures sont pratiquées. Elle peut parfois se replier pour former un bonnet. Ex.: cagoule de skieur. (Voir ill. n° 251.)

Forme fautive:
masque.

helmet, crusader cap

2° Terme de mode qui désigne un certain genre de passe-montagne non transformable (voir **passe-montagne**). (Voir ill. n° 253.)

crusader hood, hood, helmet

3° Bonnet de fourrure s'attachant sous le menton et couvrant partiellement le cou. (Voir ill. n° 252.)

Forme fautive:
le mot cagoule employé au sens d'anorak (voir ce terme).

98. **caleçon,** n.m.
drawers; shorts, briefs (court)

Sous-vêtement masculin couvrant le bas du corps, pourvu de jambes de longueur variable. Fait de cotonnade ou de tricot de bonneterie, il est maintenu à la taille par une ceinture élastique. Le caleçon court s'arrête à mi-cuisse. Le caleçon long est en maille et reserré aux chevilles par de fines côtes. (Voir ill. n°s 166 et 167.)

REM. Le mot caleçon peut s'employer au pluriel pour désigner un seul vêtement.

Forme fautive:
shorts pour caleçon court (voir short).

99. **caleçon boxeur,** n.m.
boxer shorts, boxers

Caleçon court et ample, plissé à la taille par une ceinture élastique. Son style s'apparente à celui de la culotte de boxeur.

100. caleçon de bain, n.m.
bathing-trunks

Maillot de bain pour hommes, ayant la forme d'un caleçon très court.

101. calot, n.m.
garrison-cap;
wedge-style cap
(de fourrure)

Petite coiffure de forme allongée, sans bord, à calotte souple et pliante faite d'étoffe, de fourrure, etc., et qui emboîte bien la tête. Elle se porte sur le front laissant la nuque à découvert, comme la coiffure militaire du même nom. (Voir ill. n°s 261 et 262.)

Forme fautive:
casque employé pour désigner le calot de fourrure porté par les hommes (voir casque).

102. calotte, n.f.
skull-cap, calot

1° Petit bonnet rond en forme de dôme, sans bord ni visière, qui se porte sur le sommet de la tête. Ex.: calotte d'évêque. (Voir ill. n° 263.)

Forme fautive:
calotte au sens de casquette (voir ce terme).

crown

2° Partie principale du chapeau qui couvre plus ou moins la tête. (Voir ill. n° 242.)

Syn.: **forme, fond.**

103. camisole, n.f.
vest

Au Québec, ce terme a de nombreuses acceptions:
1° Générique désignant: a) tout sous-vêtement masculin qui couvre le torse et se porte sur la peau: **gilet de corps, tee-shirt** (voir ces termes), etc.;
b) tout sous-vêtement analogue porté par les bébés et les enfants.

Forme fautive:
corps (voir ce terme).

vest

2° Sous-vêtement féminin en maille porté à même la peau et comportant des bretelles plus ou moins étroites, ou parfois des manches courtes ou longues. Son encolure est dégagée, il est dépourvu de boutonnage et la partie recouvrant la poitrine peut avoir la forme d'un soutien-gorge.

Syn.: **chemise américaine** (ainsi appelée en France).

REM. En France, la camisole est un genre de sous-vêtement féminin semblable au précédent, mais comportant des manches longues et un boutonnage devant.

104. canadienne, n.f.
sheepskin jacket

Manteau croisé de style sport et de longueur trois-quarts, souvent en tissu imperméable ou en cuir, comportant une doublure et un col de mouton, deux poches plaquées à rabat et une ceinture. (Voir ill. n° 28.)

Formes fautives:
a) station-wagon (anglicisme);
b) le mot canadienne employé pour corvette (voir ce terme).

105. canotier, n.m.
sailor hat, boater

Chapeau de paille rigide, de forme ovale, à calotte plate peu élevée, entourée d'un gros-grain formant un noeud soit à gauche, soit à l'arrière. Son bord est plat et d'égale largeur tout autour. Coiffure masculine à l'origine, sa forme a été aussi adaptée à la mode féminine.

106. caoutchouc, n.m.
waterproof, mackintosh

Manteau de pluie en tissu caoutchouté.

107. cape, n.f.
cape, cloak

Ample vêtement d'extérieur de longueur variable, dépourvu de manches et d'emmanchures, qui couvre le corps et les bras, souvent en emboîtant les épaules. Il se ferme au milieu du devant, sur toute sa longueur ou seulement à l'encolure, et peut comporter un capuchon ou un col et des passe-bras. (Voir ill. n° 25.)

Syn.: **pèlerine.**

108. capeline, n.f.
capeline, broad-brimmed (sun-) hat

Coiffure féminine à calotte formée, à grand bord circulaire, souple et plat, de largeur uniforme. La capeline se fait souvent en paille ou en matière légère et peut alors servir de chapeau de soleil.

109. capote, n.f.
greatcoat

Sorte de grand et lourd manteau d'étoffe d'inspiration militaire qui peut comporter un capuchon.

110. capuche, n.f.
hood, capuchin, capuchine

1° Coiffure en forme de capuchon, se prolongeant par une pèlerine qui recouvre les épaules.

hood

2° Capuchon souvent amovible d'un vêtement imperméable: manteau, pèlerine, anorak, etc.

111. capuchon, n.m.
hood, cowl

Sorte de bonnet, souvent de forme plus ou moins conique, fixé à l'encolure de certains vêtements et qui peut être amovible. Cette coiffure sert à garantir la tête contre le froid ou la pluie et se rejette en arrière à volonté. (Voir ill. n° 30.)

112. capucin, n.m.

Extrémité triangulaire d'une ceinture, d'une patte, etc.

113. carabin, n.m.

Synonyme de **piécette** (voir ce terme).

114. caraco, n.m.

1° Corsage non ajusté à manches longues, le plus

souvent boutonné devant, qui est resserré à la taille par une ceinture et retombe sur les hanches, par-dessus la jupe ou le pantalon.

smock top 2° Corsage à manches longues ou courtes, boutonné ou non devant, dont la forme rappelle celle du surplis. Il est généralement fait de cotonnade de couleur, unie ou à motifs.

115. **cardigan,** n.m.
cardigan

Tricot assez fin qui s'arrête aux hanches. Il se boutonne au milieu du devant, comporte des manches longues, une encolure ras du cou et se termine par un bord-côte à la base ainsi qu'aux poignets. Il se porte souvent sur un pull assorti, formant ainsi un ensemble qu'on nomme **tandem** (voir ce terme). (Voir ill. n° 119.)

REM. Ne pas confondre avec **gilet de laine** (voir ce terme), et ne pas prononcer à l'anglaise.

116. **carré,** n.m.
kerchief, head scarf

Morceau d'étoffe (souvent de soie), de forme carrée, que l'on plie en diagonale pour le porter autour du cou ou sur la tête.

Forme fautive:
écharpe (voir ce terme).

117. **carrure,** n.f.
breadth

En termes de coupe, mesure de la largeur du dos ou du devant, d'une épaule à l'autre.

118. **casaque,** n.f.
over-blouse,
jumper-blouse

1° Sorte de tunique droite à manches longues qui s'arrête en bas des hanches et retombe sur la jupe ou le pantalon. Elle s'enfile souvent par la tête et s'ajuste à la taille par une ceinture. (Voir ill. n° 106.)

jacket 2° Veste de soie des jockeys et des artistes de cirque.

119. **casque,** n.m.
helmet, casque;
topee, topi (colonial)

1° Coiffure protectrice en matière rigide, à calotte hémisphérique, se prolongeant ou non en un bord de largeur variable, et qui peut être retenue sous le menton par une jugulaire. Elle comporte souvent un rabat protégeant la nuque, les oreilles et le front. Ex.: casque d'acier, casque de motocycliste (voir ill. n° 264), casque de mineur, casque colonial (voir ill. n° 266), casque de pompier.

helmet, casque,
topee
(suivant la forme)

2° Par ext. Chapeau dont la forme rappelle ce genre de coiffure.

Formes fautives:
a) casque employé pour désigner certaines coiffures de fourrure: bonnet, calot, toque (voir ces termes);

b) casque de bain pour bonnet de bain (voir ce terme).

120. **casquette,** n.f. *cap*	Coiffure sport sans bord comportant toujours une visière. Souvent, sa calotte plus ou moins souple est inclinée sur la visière ou sur le côté. Cette coiffure exclusivement masculine à l'origine est aussi portée par les femmes aujourd'hui. (Voir ill. n° 259.) **Formes fautives:** a) calotte (voir ce terme); b) képi (voir ce terme) employé pour désigner une casquette d'uniforme.
121. **casquette capucin,** n.f. (pl. casquettes capucin) *cricket cap*	Casquette de garçonnet constituée d'une petite calotte à côtes garnie d'une étroite visière. (Voir ill. n° 257.)
122. **casquette de montagnard,** n.f.	Synonyme de **casquette norvégienne** (voir ce terme) et de **casquette de skieur.**
123. **casquette norvégienne,** n.f. *ski cap*	Sorte de casquette à rabat faite d'une matière ayant du corps et dont la calotte non inclinée est assez haute et plutôt oblongue. (Voir ill. n° 268.) Syn.: **casquette de montagnard, casquette de skieur.**
124. **casquette de skieur,** n.f.	Synonyme de **casquette norvégienne** (voir ce terme) et de **casquette de montagnard.**
125. **cassure,** n.f. *break line* *crease line*	Endroit où un col, un revers se replie sur lui-même.
126. **ceinture,** n.f. *belt*	1° Bande d'étoffe, de cuir, de métal ou d'autre matière, servant à ajuster, maintenir ou orner un vêtement autour de la taille, ou selon la mode, à différents niveaux autour du corps à partir du buste jusqu'aux hanches. Elle est pourvue d'un système de fermeture, excepté dans le cas de la ceinture nouée ou de la ceinture incrustée. (Voir ill. n° 209.)
waistband	2° Partie fixe d'un vêtement qui le limite et le borde à la taille tout en l'y maintenant. Ex.: ceinture montée d'une jupe, d'un blouson, d'un pantalon.
waistband	3° Bande d'étoffe placée à l'intérieur d'un vêtement, à la taille.
127. **ceinture-corselet,** n.f. *bodice, corselet*	1° Large ceinture coupée dans une matière ayant du corps. Elle est souvent lacée devant et peut s'élargir à la hauteur du diaphragme. (Voir ill. n° 196.)

bodice, corselet

2° Ceinture montée d'une jupe, d'un pantalon, rappelant la précédente.

REM. On dit aussi **corselet.**

128. **ceinture coulissante,** n.f.
drawstring waist

Ceinture constituée d'un cordon glissé à l'intérieur d'une coulisse. (Voir ill. n° 203.)

129. **ceinture de smoking,** n.f.
cummerbund

Ceinture que les hommes portent avec le smoking pour cacher la rencontre de la chemise et du pantalon. Elle est constituée d'une large bande de soie marquée de cinq ou six plis horizontaux fixés par une couture de chaque côté, avec le plus souvent une petite poche camouflée dans le deuxième pli, sur le côté droit. Elle se ferme au milieu du dos par une boucle.

130. **ceinture-écharpe,** n.f.
sash

Large ceinture constituée d'une bande d'étoffe souple que l'on drape et noue autour de la taille en laissant flotter les bouts. Elle comporte parfois une doublure qui peut être de couleur contrastante. (Voir ill. n° 201.)

Forme fautive:
sash

131. **ceinture fléchée,** n.f.
Assomption sash

Terme québécois désignant une ceinture de laine tressée, longue et large, à fond rouge et à motifs multicolores en forme de flèches. Elle se porte enroulée plusieurs fois autour de la taille et nouée sur le côté. On en laisse pendre les bouts qui se terminent par une longue frange. La ceinture fléchée est folklorique. La population ne la porte plus qu'au carnaval, aux fêtes et divertissements de l'hiver. Elle accompagne habituellement la tuque.

132. **ceinture incrustée,** n.f.
inset belt

Ceinture formée d'une bande de tissu fixée par des coutures à la taille d'un vêtement, et réunissant le haut au bas. (Voir ill. n° 71.)

Forme fautive:
ceinture insérée (anglicisme).

133. **ceinture-jarretelles,** n.f.

Synonyme de **porte-jarretelles** (voir ce terme) et de **ceinture porte-jarretelles.**

134. **ceinture montée,** n.f.
waistband

Ceinture formée d'une bande de tissu (double ou doublée), fixée par une couture à la taille d'une jupe, d'un pantalon ou d'un blouson et qui a pour fonctions de border le vêtement, d'en assujettir les pin-

ces et les plis et de le maintenir en place. (Voir ill. n°
93.)

Forme fautive:
bande de taille (anglicisme).

135. **ceinture porte-jarretelles,** n.f.

Synonyme de **porte-jarretelles** (voir ce terme) et de **ceinture-jarretelles.**

136. **ceinture-sangle,** n.f.

Large ceinture plate, de cuir, de toile ou de tissu élastique, qui enserre la taille.

137. **ceinturon,** n.m.
waist belt

Large et robuste ceinture de cuir ou d'étoffe, rappelant le ceinturon de l'uniforme militaire et qui se porte avec les vêtements sport.

138. **châle,** n.m.
shawl

D'origine orientale, le châle est une grande pièce d'étoffe tricotée, crochetée ou tissée, de forme carrée, rectangulaire ou triangulaire, bordée ou non de franges et dont les femmes se couvrent les épaules.

139. **chandail,** n.m.
sweater

Gros pull de sport, en laine, à manches longues et comportant souvent un col roulé.

140. **chanel,** n.m.
knee length

Longueur préconisée par Coco Chanel pour certains vêtements féminins (tailleurs, robes, jupes, manteaux) qui s'arrêtent plus ou moins au-dessous du genou. Ex.: Le chanel est la longueur qu'elle préfère.

141. **chapeau,** n.m.
hat

Coiffure de matière et de forme extrêmement variables comportant une calotte et souvent des bords.

142. **chapeau cloche,** n.m.
(pl. chapeaux cloches)

Voir **cloche.**

143. **chapeau de feutre,** n.m.
felt hat

1° Toute coiffure faite de feutre.

felt hat

2° Plus spécialt Coiffure de feutre souple dont la calotte est habituellement fendue, c'est-à-dire qu'elle comporte un renfoncement longitudinal. Ceinturée d'un gros-grain à noeud plat, ou d'un cordon, la calotte est moulée d'une seule pièce avec le bord. Le feutre d'homme a habituellement une doublure ou coiffe de soierie légère, et l'entrée de tête est bordée d'une bande de cuir dite cuiret. Le bord, de largeur uniforme tout autour, se porte soit rabattu, soit relevé à l'arrière ou sur un côté.

(Voir ill. n° 23.)

REM. On dit aussi **feutre**.

144. **chapeau de paille,** n.m.

Voir **paille.**

145. **chapeau de soie,** n.m.

Synonyme de **haut-de-forme** (voir ce terme), de **huit-reflets** et de **tuyau de poêle** (appellation familière).

146. **chapeau haut-de-forme,** n.m.

Voir **haut-de-forme.**

147. **chapeau melon,** n.m.

Voir **melon.**

148. **chapeau mou,** n.m. *soft felt hat, slouch hat*

Chapeau de feutre souple pour homme (voir **chapeau de feutre** 2°).

149. **chapeau rond,** n.m.

Synonyme de **melon** (voir ce terme).

150. **chapska,** n.m. (pl. chapskas) *schapska*

Sorte de bonnet de fourrure d'origine polonaise, à calotte ronde, comportant une visière relevée et un rabat couvrant la nuque et les oreilles pour les protéger contre les grands froids de l'hiver. Le rabat peut se relever à volonté et est alors maintenu par des cordons noués sur le dessus de la tête. (Voir ill. n° 270.)

151. **charlotte,** n.f. *mob-cap, boudoir cap, curler cap*

Bonnet d'intérieur à calotte ample et souple, qui recouvre entièrement la chevelure. Son bord est formé d'un ruché de dentelle ou d'un volant froncé. Cette coiffure est faite de matière légère (tulle, broderie, dentelle, etc.) et est garnie de rubans. Les femmes la portent pour protéger la mise en plis ou camoufler les bigoudis, ce qui lui vaut parfois le nom de charlotte-cache-mise-en-plis. (Voir ill. n° 236.)

Forme fautive:
bonnet boudoir (anglicisme).

152. **chasuble,** n.f. *jumper*

Robe à encolure dégagée, sans manches, conçue pour être portée sur un corsage ou un tricot dont elle laisse apparaître le haut et les manches. (Voir ill. n° 78.)

REM. On dit aussi **robe-chasuble.**

Formes fautives:
a) jumper;
b) tunique (voir ce terme) au sens de chasuble d'écolière.

153. **chaussette,** n.f. *sock, half-hose*

Tout vêtement tricoté (à la main ou à la machine) enveloppant le pied et la partie inférieure de la jambe

plus ou moins haut. On appelle plus particulièrement chaussette celle qui s'arrête au niveau du mollet. Ex.: Les hommes ne portent pas de bas mais
des chaussettes. (Voir ill. n° 226.)

Formes fautives:
a) bas (voir ce terme):
b) chausson (voir ce terme) employé au sens de chaussette est
dialectal.

154. chausson, n.m.

Article chaussant caractérisé par sa souplesse et sa
légèreté. Fait de matières diverses, on l'adapte à différents usages.

Forme fautive:
chausson employé au sens de chaussette est dialectal (voir
chaussette).

Les principales sortes de chaussons - à l'exception
de celles qui appartiennent exclusivement au domaine de la chaussure - sont les suivantes:

bootee

1° Le chausson de bébé, de laine tricotée, le plus
   souvent coulissé à la cheville. Il peut monter jusqu'à mi-mollet.

Forme fautive:
patte.

bedsock

2° Le chausson de lit, en maille, décolleté ou montant jusqu'à la cheville, que les personnes frileu-
   ses portent au lit.

after-ski sock,
stocking-top shoe

3° Le chausson de chalet qui est une simple chaussette de grosse laine munie d'une semelle rapportée de matière plus ou moins flexible.

foot sock, footglove

4° Le chausson protecteur qui est très décolleté,
   habituellement fait de tricot de nylon et bordé
   d'un élastique, et qui se porte avec ou sans bas.
   Il est destiné à protéger le pied ou le bas du contact avec l'intérieur de la chaussure.

REM. Le terme protège-bas, ou chausson protège-bas, que l'on
rencontre en France pour désigner cet article chaussant, nous
semble avoir une acception trop restreinte.

Formes fautives:
a) mini-bas:
b) socquette (voir ce terme).

boot sock
shoepack,
boot lining

5° Le chausson d'étoffe isolante qui se porte à l'intérieur d'une botte.

155. chemise, n.f.
   shirt

1° Vêtement masculin de dessus, habituellement
   fait de tissu léger, qui couvre la partie supérieure
   du corps et se porte à même la peau ou sur les

sous-vêtements, le plus souvent sous le gilet et le veston. La chemise classique comporte un col rabattu, aux extrémités petites et pointues, un empiècement dans le dos, des manches longues à poignets, un boutonnage pleine longueur devant et des pans arrondis à la hauteur des hanches qui sont généralement dissimulés à l'intérieur du pantalon.

REM. C'est à tort que l'on condamne l'expression familière *en bras de chemise*, qui est reconnue par l'Académie française, pour lui préférer *en manches de chemise*, qui est également admise.

undershirt
2° Dessous féminin se portant à même la peau et qui, de nos jours, a fait place à un sous-vêtement appelé plus spécialement **camisole** (voir ce terme 1°).

vest
3° Sous-vêtement de bébé couvrant le torse et qui se met directement sur la peau.

Syn.: **camisole.**

156. chemise américaine, n.f.
Synonyme de **camisole** (voir ce terme 2°).

157. chemise de nuit, n.f.
nightgown
Vêtement de nuit féminin ressemblant à une robe, dont la longueur varie selon le goût et la mode, et qui se porte à même la peau, d'où son nom de chemise.

REM. Robe de nuit tend à concurrencer, depuis quelques années, chemise de nuit.

Forme fautive:
jaquette (voir ce terme).

158. chemise polo, n.f.
(pl. chemises polo)
Voir **polo.**

159. chemisette, n.f.
shirt
1° Chemise d'homme et de garçonnet, à manches courtes.

chemisette
2° Petit corsage (blouse, chemisier) non ajusté, à manches généralement courtes, qui est fait de cotonnade ou de lingerie.

160. chemise-veste, n.f.
overshirt
Chemise sport légère qui s'apparente à la veste par ses grandes poches basses et plaquées et parce qu'elle tombe droit par-dessus le pantalon. On la porte souvent à la plage, avec le short ou le maillot de bain.

161. chemisier, n.m.
blouse, shirtwaist
1° Corsage de style variable, qui descend plus bas que la taille et se porte habituellement à l'intérieur de la jupe ou du pantalon.

shirt, shirtwaist	2° Plus spécialt Corsage rappelant la chemise d'homme par sa coupe et le genre de tissu dans lequel il est fait.

REM. Dans l'usage, les termes blouse et chemisier s'emploient souvent l'un pour l'autre.

162. cintré, e, adj.
fitted, waisted

Se dit d'un vêtement très ajusté à la taille.

163. ciré, n.m.
oilskins, slicker

Sorte de paletot de marin souvent accompagné d'un pantalon de même tissu qui est rendu brillant et imperméable grâce à un enduit de vinyle. La mode tant féminine que masculine a adopté ce genre de matière pour en faire des vêtements de pluie aux styles et même aux imprimés les plus variés, également appelés cirés, qui vont du simple manteau droit au trench-coat classique.

164. cloche, n.f.
cloche hat, cloche

Coiffure féminine en forme de cloche dont les bords évasés sont rabattus, ombrant le visage.

REM. On dit aussi **chapeau cloche**.

165. coiffant, n.m.

Manière dont une coiffure sied au visage. Ex.: Ce chapeau a un bon coiffant. (Angl.: *This hat suits...*).

166, coiffant, (e), adj.

Qui coiffe bien.

167. coiffe, n.f.
coif, head-dress

1° Coiffure féminine en tissu, faisant partie des costumes régionaux.

hat lining

2° Doublure d'un chapeau ou d'une coiffure quelconque.

Syn.: **fond.**

cap

3° Petite coiffure portée par les infirmières, les femmes de chambre, etc. Faite de cotonnade généralement empesée, elle peut affecter différentes formes. (Voir ill. n° 84.)

168. coiffer, v. tr.
to put a hat on someone, to cover (the head)

1° Couvrir la tête de quelqu'un d'une coiffure quelconque. Ex.: Elle a coiffé son enfant d'un bonnet de laine.

to put on a hat

2° Mettre, porter une coiffure. Ex.: J'ai coiffé mon chapeau neuf pour la circonstance.

3° Façon dont une coiffure sied. Ex.: Ce chapeau vous coiffe bien. (Angl.: *This hat suits you.*). Absolt Ce chapeau coiffe bien.

4° Par ext. Se réfère à la pointure d'une coiffure. Ex.: Quelle pointure coiffez-vous? (Angl.: *What size hat do you wear?*)

se coiffer: v. pron.
to put on one's hat

5° Se couvrir d'une coiffure. Ex.: Se coiffer d'un béret.

169. **coiffure,** n.f.
headgear, headwear

Terme générique s'appliquant à la partie de l'habillement qui sert à couvrir ou à protéger la tête, en l'ornant ou non.

170. **coin de feu,** n.m.

Synonyme vieilli de **veston d'intérieur** (voir ce terme) et de **veste d'intérieur.**

171. **col,** n.m.
collar

Morceau de matière quelconque (étoffe, fourrure, etc.), de formes et de dimensions variées, qui sert à finir ou à orner une encolure.

Formes fautives:
a) collet (voir ce terme);
b) col au sens de cravate (voir ce terme).

172. **col amovible,** n.m.
detachable collar

Col qui peut être enlevé à volonté, n'étant pas fixé à l'encolure. Il est généralement contrastant quand il orne un vêtement féminin.

173. **col baleiné,** n.m.
whaleboned collar

Col de chemise ou de chemisier, renforcé de lames de matière plastique insérées dans les pointes.

174. **col banane,** n.m.
(pl. cols banane)
dog ear collar

Col rabattu se caractérisant par ses pointes longues et assez larges, arrondies aux extrémités. (Voir ill. n° 179.)

175. **col boule,** n.m.
(pl. cols boule)
ring collar

Col de fourrure, amovible ou non, dont les extrémités s'agrafent sous le menton de façon à maintenir le col replié sur lui-même, ce qui lui donne un aspect gonflé. (Voir ill. n° 239.)

176. **col cagoule,** n.m.
(pl. cols cagoule)
cowl collar,
convertible hood
collar

Grand col roulé d'un tricot, qui peut se rabattre sur la tête en formant une sorte de **cagoule** (voir ce terme 2°).

Forme fautive:
col baveux.

177. **col cassé,** n.m.
wing collar

Col droit et rigide, à pointes rabattues, le plus souvent amovible. De nos jours, il ne se porte plus qu'avec la chemise de l'habit. (Voir ill. n° 54.)

REM. Les fantaisies de la mode en font parfois un col de chemisier.

178. col châle, n.m.
(pl. cols châle)
shawl collar

Col rabattu, plus ou moins croisé, posé sur une encolure ou un décolleté en pointe et qui se prolonge devant en des revers arrondis qui se terminent en s'effilant. On le rencontre le plus souvent sur le smoking, la robe de chambre et un grand nombre de vêtements féminins. (Voir ill. n° 137.)

179. col cheminée, n.m.
(pl. cols cheminée)
mock turtleneck,
chimney collar

Col montant d'un pull, formé d'une bande de tricot à côtes repliée sur elle-même et dont les deux bords sont cousus tout autour de l'encolure. Il peut être entièrement fermé ou comporter une glissière, un boutonnage.

180. col chemisier, n.m.
shirt collar

Col classique du corsage chemisier. Il est rabattu, posé sur une encolure ras du cou, et ses extrémités généralement petites sont pointues ou arrondies. Il rappelle le col de la chemise d'homme. (Voir ill. n° 101.)

181. col chevalière, n.m.
(pl. cols chevalière)

Petit col à pointes, arrondi et de largeur uniforme. Il est rabattu et sa longueur est moindre que celle de l'encolure, de sorte que ses extrémités demeurent légèrement espacées. Il se rencontre habituellement sur les vestes et les manteaux. (Voir ill. n° 2.)

182. col chinois, n.m.
mandarin collar

Col qui s'apparente au col officier classique. Ses extrémités sont arrondies dans le haut et se rapprochent davantage vers l'encolure, de manière à former un petit V. (Voir ill. n° 175.)

183. col Claudine, n.m.
(pl. cols Claudine)
Peter Pan collar

Col d'une largeur uniforme, dont les extrémités arrondies se rejoignent à l'avant. Il se pose à plat sur les vêtements de femmes et d'enfants, autour d'une encolure ras du cou. Le col Claudine classique est petit et blanc. (Voir ill. n° 75.)

REM. Il est intéressant de noter que ce col doit son nom, en français comme en anglais, à un personnage littéraire: Claudine, héroïne célèbre de la grande romancière française Colette, et *Peter Pan, or the Boy who wouldn't grow up,* de sir J.M. Barrie, écrivain écossais.

184. col cranté, n.m.
notch (ed) collar

Col formant un cran à son point de jonction avec le revers. Ex.: Le col tailleur est un col cranté.

185. col cravate, n.m.
(pl. cols cravate)
collar-scarf,
tie collar, bow collar
band collar

Bande de tissu souple, repliée ou non, de longueur et de largeur variables, fixée à une encolure ras du cou et qui se prolonge pour se nouer devant, de différentes façons.

Syn.: **col écharpe.**

186. **col debout**, n.m. *stand-up collar*	Synonyme de **col montant** (voir ce terme 1°), de **col droit** et de **col officier**.
187. **col droit**, n.m. *straight collar*	Synonyme de **col montant** (voir ce terme 1°), de **col debout** et de **col officier**.
188. **col écharpe**, n.m. (pl. cols écharpe)	Synonyme de **col cravate** (voir ce terme).
189. **col en oreilles d'épagneul**, n.m. *dog ear collar*	Sorte de col banane à pointes coupées.

190. **collant**, n.m.	1° Synonyme de **bas-culotte** (voir ce terme) et de **bas-slip**.
tights	2° Plus spécialt Bas-culotte de tricot épais comportant souvent des motifs, que portent les femmes sous une jupe ou un pantalon, particulièrement pour les sports d'hiver.
	3° Synonyme de **maillot** (voir ce terme 3°).

Forme fautive:
collant employé au pluriel pour désigner un seul article (sous l'influence de l'anglais *tights*).

191. **collerette**, n.f. *collaret, collarette*	1° col léger, de largeur uniforme, plissé ou froncé autour de l'encolure, ou du décolleté, d'un vêtement. (Voir ill. n° 181.)
(neckline, armhole) trim, piping trim	2° Petite bande bordant certaines ouvertures d'un vêtement: encolure, emmanchure, etc.

Forme fautive:
collerette au sens de pèlerine (voir ce terme 2°).

192. **collet**, n.m. *cape*	1° Sorte de cape très courte sans capuchon.
cape	2° Vêtement féminin d'étoffe, de fourrure, etc., qui couvre les épaules.

REM. a) Au sens de col. collet est un archaïsme. Il ne s'utilise guère qu'au figuré, dans l'expression *collet monté* qui signifie guindé.
b) Cependant, le mot collet peut encore s'employer aujourd'hui au sens de «col de grandes dimensions», surtout lorsqu'il s'agit d'un morceau d'étoffe arrondi, retombant à partir du cou ou de l'encolure jusque sur les épaules et la poitrine. (Angl.: *collar*).

193. **col marin**, n.m. (pl. cols marin) *sailor collar*	Grand col inspiré de celui des marins. Carré dans le dos, il se prolonge devant en des revers effilés et garnit une encolure ou un décolleté en V souvent pourvus d'une modestie. (Voir ill. n° 243.)

194. col montant, n.m.
high collar

1° Col formé d'une bande cousue sur une encolure ronde de manière à se dresser tout autour du cou. Il peut se fermer à différents endroits.

Syn.: **col debout, col droit, col officier.**

2° Plus spécialt Synonyme d'**encolure montante** (voir ce terme).

195. col noué, n.m.
bow collar

Tout col qui se prolonge devant en deux pans formant un noeud simple ou à coques, ou encore noués en cravate. Le col noué le plus classique est le col cravate.

196. col officier, n.m.
(pl. cols officier)

stand-up collar,
mandarin collar

1° Synonyme de **col montant** (voir ce terme 1°), de **col debout** et de **col droit.**

2° Plus spécialt Col montant dont les extrémités se rejoignent en avant bord à bord et ne s'attachent pas. (Voir ill. n° 174.)

197. col plat, n.m.
flat collar

Col de formes diverses posé à plat sur l'encolure. Il s'oppose au col rabattu. Le plus classique est le col Claudine.

198. col polo, n.m.
(pl. cols polo)
polo collar

Col pointu rabattu sur une encolure se fermant devant par une patte de boutonnage et qui constitue une des caractéristiques du polo.

199. col rabattu, n.m.
turn-down collar
turned-over collar

Col replié sur lui-même qui comporte un pied de col rapporté ou non et dont les extrémités du tombant sont de forme variable. Il s'oppose au col plat.

200. col roulé, n.m.
turtleneck

1° Col montant formé d'un bord-côte qui se replie sur lui-même. Il est généralement près du cou et dépourvu de fermeture. On le rencontre surtout sur les chandails et les pulls. (Voir ill. n° 116.)

roll(ed) collar,
cowl collar,
turtleneck

2° Col de tissu de même forme qui orne un corsage et se ferme sur la nuque.

turtleneck

3° Par synecdoque: pull, chandail à col roulé.

201. col tailleur, n.m.
(pl. cols tailleur)
tailored collar

Col cranté dont les revers plus ou moins effilés forment un V en se croisant. (Voir ill. n° 5.)

202. col tenant, n.m.
attached collar

Voir **tenant.**

203. col transformable,

Col conçu de façon à pouvoir se porter de différen-

n.m.
convertible collar,
two-way collar

tes manières. Le plus courant est celui qui. ouvert.
forme un col tailleur et. fermé. un col chemisier.
(Voir ill. n° 70.)

204. **combinaison,** n.f.
combinations,
union suit

1° Chaud sous-vêtement d'homme combinant en
une seule pièce un gilet de corps à manches longues et un caleçon long. et qui se boutonne sur
toute la longueur du devant. (Voir ill. n° 168.)

coveralls

2° Vêtement de travail d'une seule pièce. réunissant
un pantalon et une veste à manches généralement longues, qui protège contre la poussière et
les taches. Il est fermé sur le devant par une patte
de boutonnage ou par une glissière. Fait d'une
étoffe résistante et lavable (toile, coutil, coton,
etc.), il se porte sur les autres vêtements et comporte une ceinture ainsi que de nombreuses poches. Ex.: combinaison de mécanicien, de menui-
sier. (Voir ill. n° 69.)

coveralls, suit

3° Vêtement de protection pour le sport. De même
forme que la combinaison de travail. il est porté
par les skieurs, les motoneigistes, les pilotes
d'avion et d'automobile, les parachutistes. La
combinaison utilisée pour les sports d'hiver peut
comporter un capuchon.

4° Voir **combinaison-jupon.**

5° Voir **combinaison-pantalon.**

205. **combinaison- culotte**
n.f.
chemise

Sorte de combinaison-jupon (ou de fond de robe)
formant culotte.

206. **combinaison de**
gymnastique, n.f.
gym romper(s)

Vêtement de sport en coton, pour fillette, réunissant
en une seule pièce un corsage souvent de style chemisier et une culotte bouffante. (Voir ill. n° 89.)

207. **combinaison de nuit,**
n.f.
sleeper,
sleeping suit

Tenue de nuit pour enfants faite d'une seule pièce,
généralement en éponge extensible ou en finette,
comportant des manches longues et des jambes
avec pieds. Elle est souvent munie d'une longue glis-

sière devant et d'un panneau qui s'ouvre dans le dos à la taille, ou encore de boutons-pression qui vont du cou jusqu'au bas de l'entrejambe. (Voir ill. n° 172.)

Syn.: **grenouillère, dormeuse.**

208. combinaison-jupon, n.f.
slip

Sous-vêtement féminin qui se porte sur les autres dessous et directement sous la robe, la jupe, le corsage ou le tricot. Il consiste en une sorte de robe de fine lingerie, droite ou princesse, dépourvue de manches et de système de fermeture, suspendue aux épaules par d'étroites bretelles réglables, et dont la partie qui couvre la poitrine a généralement la forme d'un soutien-gorge. (Voir ill. n° 143.)

REM. La combinaison-jupon est souvent appelée **combinaison** tout court.

Formes fautives:
a) jupon (voir ce terme);
b) slip (voir ce terme).

209. combinaison-pantalon, n.f.
jumpsuit

Vêtement de ville, de loisirs, constitué d'une seule pièce en matière souple qui se ferme devant, et comprend un corsage avec ou sans manches (ou encore une chemise) prolongé par un pantalon. (Voir ill. n° 88.)

REM. a) Même si la combinaison-pantalon est un vêtement unisexe, elle est davantage portée par les femmes.

b) On dit aussi **combinaison** pour désigner la combinaison-pantalon.

210. combinaison-short, n.f.
hot pants

Vêtement féminin de ville ou de loisirs réunissant en une seule pièce un corsage et un short. (Voir ill. n° 87.)

Forme fautive:
hot pants.

211. combinaison-soutien-gorge, n.f.
bra slip

Soutien-gorge véritable et jupon réunis en une seule pièce.

212. combiné, n.m.
corselet, corselette

Sous-vêtement de maintien réunissant en une seule pièce la gaine et le soutien-gorge. (Voir ill. n° 146.)

Forme fautive:
corselette (anglicisme).

213. combiné-culotte, n.m.
briefelette, pantilette, pantie corselette

Sous-vêtement féminin ayant la forme d'un combiné se terminant en culotte. Il est fait d'une matière extensible et souple qui peut être très légère et même transparente.

(combiné-culotte de maintien); *body stocking* (combiné-culotte léger)

(Voir ill. n° 148.)

214. **combiné-slip,** n.m.
body suit,
body stocking,
briefelette

Combiné-culotte dépourvu de jambes. (Voir ill. n° 147.)

215. **complet,** n.m.
suit,
business suit

Ensemble pour homme, composé d'un veston (appelé aussi veste), d'un pantalon et facultativement d'un gilet, tous coupés dans la même étoffe. (Voir ill. n° 45.)

Syn.: **complet-veston, costume.**

Forme fautive:
Le mot habit (voir ce terme) au sens de complet est tombé en désuétude.

216. **complet-veston,** n.m.
(pl. complets-veston)

Synonyme de **complet** (voir ce terme) et de **costume** 5°.

217. **confection,**
(vêtement de), n.f.
ready-made,
ready-to-wear

Vêtement fait en série.

218. **coordonné,** n.m.
coordinates,
separates

Pièce d'habillement conçue pour se combiner avec d'autres de façon à former différents ensembles.

REM. Ce mot s'emploie aussi adjectivement. Ex.: jupe et pantalon coordonnés à une veste.

219. **cordelière,** n.f.
cord

1° Torsade de soie, de coton, etc., terminée généralement par des glands ou des pompons à ses deux extrémités et que l'on noue autour de la taille comme ceinture. On l'utilise surtout sur les robes de chambre.

string tie

2° Petite tresse de couleur portée en guise de cravate sur une chemise sport.

220. **cordon,** n.m.
string (attache)
drawstring
(coulissant)

1° Petite corde servant d'attache à une coiffure, ou utilisée pour resserrer diverses pièces d'habillement. Ex.: cordons d'un bonnet; cordon de serrage d'une capuche (voir ill. n° 36); cordon coulissant à la base d'un anorak.

cord; hatband

2° Tresse de passementerie ou étroite bande de tissu dont on entoure la calotte d'un chapeau.

apron-string

3° Chacune des attaches d'un tablier, constituée

d'une étroite bande de tissu que l'on noue de différentes façons.

221. corps, n.m.
body, bodice

Désigne, par extension, la partie d'un vêtement qui recouvre le torse, abstraction faite des manches et du col. Ex.: corps de robe, de chemise.

Forme fautive:
corps employé au sens de camisole d'homme (voir camisole 1° a).

222. corsage, n.m.
blouse, waist

1° Vêtement féminin qui couvre le buste et se porte directement sur les sous-vêtements. Il peut être confectionné dans différentes sortes de tissus et affecter des formes très variées.

bodice, corsage

2° Partie supérieure d'un vêtement féminin qui habille le corps à partir des épaules jusqu'aux environs de la taille, à l'exclusion des bras. Ex.: corsage d'une robe, d'une combinaison-pantalon.

223. corsage-culotte, n.m.
body suit, body shirt

Corsage moulant en tissu extensible, pourvu de manches et généralement d'un col, dont la partie inférieure en forme de culotte (fermée par une patte d'entrejambe détachable) maintient le corsage tendu et l'empêche de sortir de la jupe ou du pantalon. (Voir ill. n° 90.)

REM. Le terme **justaucorps** commence à s'employer. C'est là un exemple typique de la tendance de la publicité commerciale à ressusciter une ancienne dénomination pour l'appliquer à une nouvelle création de la mode qui ne correspond guère au vêtement original. Voilà pourquoi nous proposons le néologisme corsage-culotte qui nous paraît décrire particulièrement bien le vêtement qu'il désigne.

224. corselet, n.m.
bodice

Petit corsage ajusté, lacé sur le devant, court et sans manches, largement décolleté, laissant voir le haut et les manches de la blouse sur laquelle il est porté. Il fait généralement partie des costumes folkloriques. (Voir ill. n° 197.)

REM. Ce terme est également la forme abrégée de **ceinture-corselet** (voir ce terme).

225. corset, n.m.
corset

Sous-vêtement de tissu résistant, le plus souvent baleiné et s'ajustant au moyen d'un laçage, destiné à mouler le corps depuis le buste jusqu'au bas des hanches et à retenir les bas au moyen de jarretelles.

226. corseté, e, aj.
corseted

Qui porte un corset.

Forme fautive:
corsé

227. corvette, n.f.

Manteau sport descendant à mi-cuisses, pourvu d'un

duffle coat

capuchon, que l'on porte pour se protéger du froid et des intempéries, inspiré du trois-quarts de la marine britannique. Confectionné dans un épais tissu de laine, il est de forme droite, comporte un empiècement et se ferme devant par des brandebourgs ou des brides de cuir ou d'autre matière, et des boutons appelés, selon leur forme, **olives, bûchettes,** etc. (angl.: *toggle*). (Voir ill. n° 29.)

Syn.: **duffle-coat** ou **duffel-coat.**

REM. Mis à la mode par l'écrivain français Jean Cocteau, ce vêtement a conservé en France son nom anglais d'origine. Les marins canadiens-français lui donnèrent, durant la dernière guerre, le nom du type de navire à bord duquel il était en usage, c'est-à-dire la corvette.

Forme fautive:
canadienne (voir ce terme).

228. **costume,** n.m.
costume

1° Manière de s'habiller. Ex.: histoire du costume.

costume, dress

2° L'habillement propre à une condition, une époque, un pays, un peuple, une circonstance. Ex.: costume national; costume de cérémonie.

*costume; suit
(pour certains
sports, ex.: bathing
suit, ski suit)*

3° Tenue que l'on porte pour une activité déterminée (exercice d'une fonction, pratique d'un art ou d'un sport, etc.) ou qui est le signe distinctif d'une dignité. Ex.: costume de magistrat; costume de théâtre; costume de chasse; costume d'académicien.

Forme fautive:
uniforme (voir ce terme).

*costume,
fancy dress*

4° Déguisement. Ex.: costume d'Arlequin.

5° Synonyme de **complet** (voir ce terme) et de **complet-veston.**

Forme fautive:
habit (voir ce terme).

suit

6° Ensemble appelé aussi **costume tailleur** ou **tailleur** (voir ces termes).

229. **costume de bain,** n.m.
*bathing suit,
swimsuit*

Terme générique désignant tout vêtement de natation.

230. **costume** (de) **marin,** n.m.
(pl. costumes marin)

Ensemble pour enfant, qui s'inspire du costume du matelot. Généralement bleu ou blanc, il se compose d'une marinière ornée de galons contrastants et,

sailor suit	selon l'âge ou le sexe, d'un pantalon, d'une culotte, d'une jupe plissée.

Forme fautive:
costume matelot (elliptiquement: matelot), terme vieilli.

231. costume tailleur, n.m. (pl. costumes tailleur)

Terme vieilli désignant le **tailleur** (voir ce terme).

232. côte, n.f.
section

Chacune des sections coupées en pointe d'une calotte. (Voir ill. n° 258.)

REM. On dit aussi **tranche.**

233. cotte, n.f.
overalls, dungarees

Vêtement de travail du genre de la salopette.

234. coulant, n.m.
sliding ring, keeper

Passant mobile d'une ceinture. (Voir ill. n° 212.)

235. coulisse, n.f.
casing

1° Ourlet ou rempli fait dans un vêtement pour le ceinturer ou réduire l'ampleur d'une ouverture au moyen d'un ruban ou d'un cordon quelconque qu'on y introduit et que l'on resserre à volonté. (Voir ill. n° 204.)

drawstring

2° Ce ruban ou ce cordon.

236. coupe-vent, n.m. invar.
storm cuff,
storm tab

S'emploie absolument pour désigner un poignet dont la partie supérieure est fixée à la doublure de la manche d'un vêtement. Sa partie inférieure est froncée et maintenue sur le poignet par une bande élastique. Son rôle est d'empêcher le vent et la neige de pénétrer dans la manche.

REM. On dit aussi **poignet coupe-vent.**

Formes fautives:
a) poignet tempête (anglicisme);
b) coupe-vent au sens de blouson (voir ce terme).

237. coussinet, n.m.
bust pad, falsie,
bra form

Nom donné à des coupelles de matière synthétique légère et spongieuse qui s'adaptent aux bonnets du soutien-gorge pour augmenter le volume de la poitrine.

Syn.: **ampliforme.**

238. cran, n.m.
notch

1° Angle formé par la rencontre du col et du revers. Ex.: col à cran fermé (ou relevé); col à cran ouvert (ou baissé); revers à cran aigu (angl.: *peaked lapel*).

hole	2° Trou d'une ceinture, d'une sangle par où passe l'ardillon de la boucle. Le cran peut-être renforcé d'un oeillet de métal ou bordé d'un point de boutonnière. (Voir ill. n° 211.)

239. **cravate,** n.f.
necktie

1° Bande d'étoffe légère de longueur et de largeur variables selon la mode, que l'homme et parfois la femme portent comme ornement autour du cou, surtout sous le col de la chemise ou du chemisier, et qu'ils nouent devant, de différentes façons. La cravate la plus courante est celle qui est assez longue pour que les extrémités descendent sur le devant de la chemise. (On l'appelle parfois **régate,** terme vieilli).

Forme fautive:
col (voir ce terme).

fur neckpiece

2° Bande de fourrure dont les femmes s'entourent le cou.

240. **cravate apache,** n.f.
apache tie

Sorte de large cravate sport de tissu soyeux qui est retenue autour du cou par un anneau.

241. **cravate blanche,** n.f.
white tie

En terme d'étiquette, noeud papillon blanc qui se porte avec l'habit. (Voir ill. n° 55.)

242. **cravate club,** n.f.
(pl. cravates club)
club tie

Cravate dont les rayures diagonales sont de teintes et de largeurs différentes. Sa dénomination vient de ce que ses couleurs peuvent être celles d'une école ou d'un club. (Voir ill. n° 275.)

243. **cravate lavallière,** n.f.

Voir **lavallière.**

244. **cravate noire,** n.f.
black tie

En termes d'étiquette, noeud papillon noir qui se porte avec le smoking. (Voir ill. n° 63.)

245. **crispin,** n.m.
gauntlet

1° Manchette de cuir cousue à certains gants pour protéger le poignet. Ex.: gants à crispin d'escrimeur, de motocycliste, etc.

gauntlet

2° Par ext. Poignet ou manchette évasée d'un gant.

246. **croisé, e,** adj.
double-breasted

Se dit d'un vêtement dont les devants ferment en se superposant et qui comportent un double boutonnage vertical. Ex.: veston croisé.

Forme fautive:
double breast.

247. **cuiret,** n.m.
sweatband

Bande de cuir qui entoure l'intérieur de la calotte d'un chapeau, spécialement d'un chapeau d'homme.

248. culotte, n.f.
breeches,
knee-breeches

1° Vêtement masculin allant de la taille aux genoux (ou plus court, pour les garçonnets), et conçu de manière à habiller chaque jambe séparément. Ex.: culotte de chasse.

briefs, panties
step-ins

2° Sous-vêtement féminin retenu à la taille par un élastique, qui couvre le bas du tronc, enveloppe séparément le haut de chaque cuisse ou possède simplement deux ouvertures pour les jambes. (Voir ill. n° 164.)

pants, panties

3° Petit sous-vêtement analogue au précédent, que portent les bébés et les enfants en bas âge. Il est dépourvu de jambes et peut être bouffant.

REM. a) Le mot culotte employé au pluriel est familier.
b) Culotte se dit parfois pour pantalon. Ex.: C'est la femme qui porte la culotte dans ce ménage. Culotte à pieds d'un pyjama d'enfant.

Forme fautive:
une paire de culottes (anglicisme) pour désigner un seul vêtement.

249. culotte bouffante,
bloomers

1° Sorte de short large, bouffant et serré aux cuisses que les femmes, comme les fillettes, portent pour le sport ou encore sous une mini-jupe de même tissu.

bloomers

2° Chaud sous-vêtement de tricot pour femmes, pourvu d'élastiques à la taille et aux cuisses et et qui est moins bouffant que le vêtement précédent.

REM. On dit aussi, au Québec, **bouffant.**

250. culotte de cheval, n.f.
riding breeches

Culotte d'équitation descendant jusqu'aux mollets et dont les jambes s'élargissent en un bouffant latéral au niveau des cuisses, pour se rétrécir aux genoux.

251. culotte (de) golf, n.f.

Synonyme de **knickerbockers** (voir ce terme) et de **pantalon (de) golf.**

D

252. débardeur, n.m.
tank top, shrink,
pullover vestie

1° Sorte de pull inspiré du maillot de corps que portaient les débardeurs. Il est moulant, comporte des bretelles, une encolure ronde plus ou moins échancrée et des entournures très dégagées.

tank top, shrink,

2° Par ext. Nom donné à une gamme de petits tricots

pullover vestie	(pulls ou gilets) de fantaisie, aux encolures diverses, sans manches et destinés à être portés sur un autre vêtement. (Voir ill. n° 115.)

253. **décolletage,** n.m.
decolletage

1° Action de décolleter, de se décolleter.

low-cut neck,
low-cut neckline

2° Par ext. Synomyme de **décolleté** (voir ce terme).

254. **décolleté,** n.m.
neck, neckline,
décolleté

Encolure généralement dépourvue de col qui s'éloigne sensiblement de la base du cou et qui peut découvrir, à des degrés divers, les épaules, le buste ou le dos. Ex.: La mode est aux encolures montantes plutôt qu'aux décolletés profonds. Être en grand décolleté.

REM. a) Il est difficile de déterminer la limite au-delà de laquelle une encolure devient un décolleté.
b) On emploie aussi parfois le terme **décolletage** dans ce sens.

255. **décolleté, e,** adj.
décolleté

Qui laisse à nu le cou et une partie de la gorge, du dos, des épaules. Ex.: une robe décolletée; (par ext.) une femme décolletée.

Forme fautive:
écolleté.

256. **décolleté drapé,** n.m.
draped neckline

Encolure dégagée comportant un agencement de plis et de replis souples formés par l'étoffe du corsage. (Voir ill. n° 183.)

257. **décolleté en coeur,**
n.m. (pl.
décolletés en coeur)
sweetheart neckline

Décolleté avant dont la forme rappelle la partie supérieure d'un coeur. (Voir ill. n° 180.)

258. **décolleté plongeant,**
n.m.
plunging neckline

Décolleté généralement en pointe qui descend très bas devant ou, moins souvent, dans le dos.

259. **décolleter,** v. tr.

1° Laisser le cou découvert ainsi que, à des degrés divers, les épaules, la gorge ou le dos, selon le cas. Ex.: La mode décollette beaucoup les femmes, cette année.

to cut a neckline
décolleté, to cut a
low neckline

2° Donner à un vêtement une encolure très dégagée. Ex.: Décolleter une robe.

se décolleter:

3° Porter un vêtement dont l'encolure s'éloigne sen-

v. pron. *to wear a low-necked dress*	siblement de la base du cou. Ex.: Se décolleter pour aller au bal.

260. découpe, n.f.
seaming

Décoration produite par une couture assemblant deux pièces d'un vêtement découpées de façon à lui donner une ligne particulière. Ex.: robe galbée par des découpes princesse (voir ill. n°s 80 et 141); découpes bretelle d'une redingote. (Voir ill. n° 18.)

Forme fautive:
découpe au sens de fenêtre (voir ce terme).

261. dégrafer, v. tr
to unhook,
to unfasten, to undo

1° Disjoindre le crochet et la porte d'une (ou plusieurs) agrafe afin d'ouvrir un vêtement ou une partie de vêtement. Ex.: Dégrafez votre col.

se dégrafer, v. pron.
to undo one's
clothing

2° Dégrafer le ou les vêtements que l'on porte.

to come undone

3° Se détacher, en parlant d'un vêtement ou d'une partie de vêtement fermés au moyen d'agrafes. Ex.: Ce col se dégrafe à tout moment.

REM. On trouve également **désagrafer,** mais ce verbe est condamné par Littré et plusieurs censeurs.

262. demi-bas, n.m. invar.

Synonyme de **mi-bas** (voir ce terme).

263. demi-guêtre, n.f.
(pl. demi-guêtres)
spat

Guêtre courte qui recouvre le haut de la chaussure et s'arrête au-dessus de la cheville.

264. demi-saison, n.m.
invar.

Voir **demi-saison** (de).

265. demi-saison (de), n.f.
topcoat

L'expression *de demi-saison* s'applique à un manteau plus léger que le manteau d'hiver, et qui se porte au printemps ainsi qu'à l'automne.

REM. On dit aussi, absolument: un **demi-saison.**

266. désagrafer

Voir **dégrafer.**

267. déshabillé, n.m.
negligee

Sorte de manteau léger de longueur variable et, le plus souvent, de ligne floue que les femmes portent dans l'intimité. Généralement plus élégant que le peignoir ou que la robe de chambre, il est souvent assorti d'une chemise de nuit en même tissu. Ex.: Dentelles et volants pour une chemise de nuit et son déshabillé. (Voir ill. n° 131.)

268. **déshabiller,** v. tr.
to undress

1° Dépouiller quelqu'un de ses habits. Ex.: Déshabiller un malade pour le mettre au lit.

se déshabiller:
v. pron.
to undress oneself

2° Retirer ses vêtements, et plus spécialement les vêtements de dessus destinés à être portés au dehors (chapeau, manteau, gants, etc.).

269. **dessous,** n.m. pl.
underwear,
underclothes,
underclothing

Vêtements destinés à être portés à même la peau et sous d'autres vêtements. Le mot dessous désigne surtout l'ensemble des sous-vêtements féminins.

270. **dessous-de-bras,**
n.m.
shield,
dress-preserver

Pièce indépendante et imperméable qui protège le vêtement de la transpiration. Elle est retenue sous l'aisselle par un système d'élastiques ou fixée à cheval sur le creux de l'**emmanchure**.

Forme fautive:
sous-bras (voir ce terme).

271. **deux-pièces,** n.m.
two-piece,
two-piecer

1° Ensemble féminin composé d'une jupe ou d'un pantalon accompagné soit d'une veste souvent non doublée, soit d'une tunique ou d'un boléro assortis, généralement de même étoffe.

two-piece swimsuit,
bare midriff
ensemble

2° Maillot de bain formé d'un soutien-gorge et d'une culotte.

272. **devant** (d'un
vêtement), n.m.
front (of a garment)

Partie antérieure d'un vêtement par analogie avec le devant du corps. Ex.: les devants d'un veston.

273. **dévêtir,** v. tr.
to undress,
to unclothe

1° Enlever, partiellement ou totalement, les vêtements de quelqu'un. Ex.: Dévêtir un bébé pour le baigner.

se dévêtir, v. pron.
to undress oneself

2° Enlever, en partie ou complètement, les vêtements que l'on porte.

274. **djellaba,** n.f.
djellaba, jellaba

Adaptation approximative de la djellaba nord-africaine par la mode féminine. C'est un vêtement de dessus plus ou moins ample, de ligne sobre, qui s'enfile par la tête grâce à une longue fente d'encolure et qui tombe droit jusqu'aux pieds; il comporte des manches longues et un capuchon.

REM. Ne pas confondre djellaba et **burnous** (voir ce terme).

275. **doigt,** n.m.
glove finger

Chacune des parties du gant habillant isolément les doigts de la main.

276. dormeuse, n.f.

Synonyme québécois de **combinaison de nuit** (voir ce terme) et de **grenouillère.**

277. dos (d'un vêtement), n.m.
back (of a garment)

Partie du vêtement qui couvre l'arrière du corps.

278. double boutonnage, n.m.
double breasted buttoning, double breast closing

Boutonnage constitué de deux rangées parallèles d'un nombre égal de boutons. Ex.: double boutonnage d'un veston croisé, d'un caban. (Voir ill. n° 40.)

279. doublure, n.f.
lining; liner (amovible)

Étoffe souple, légère ou solide (ou parfois fourrure), coupée d'après le patron de l'article vestimentaire à l'envers duquel elle est fixée en permanence ou temporairement. Elle est destinée à le soutenir, le garnir, en dissimuler les coutures, et peut aussi servir à le rendre plus chaud.

280. douillette, n.f.
quilted robe

Robe de chambre matelassée pour dame.

Forme fautive:
douillette au sens d'édredon.

281. drapé, n.m.
drape

Agencement, dans un vêtement féminin, de plis flottants exécutés dans une étoffe souple le plus souvent en plein biais.

282. drapé, e, adj.
draped

Se dit d'un vêtement ou d'une partie de vêtement comportant un drapé. Ex.: encolure drapée.

283. draper, v. tr.
to drape

1° Former des plis souples non cousus dans une étoffe, un vêtement.

se draper, v. pron.
to drape oneself

2° S'envelopper dans un vêtement dont l'ampleur et la souplesse permettent la formation de plis esthétiques.

to drape

3° En parlant d'une étoffe, se prêter au drapé. Ex.: Ce velours se drape facilement.

284. droit, e, adj.
straight, boxy

1° Se dit d'un vêtement non cintré dont la ligne tombe perpendiculairement aux épaules.

single-breasted

2° S'oppose à croisé, en parlant d'un vêtement et plus particulièrement d'un veston.

285. duffle-coat, n.m.

Synonyme de **corvette** (voir ce terme).

REM. Il semble que, dans l'usage, duffle-coat tende à supplanter duffel-coat.

E

286. écharpe, n.f.
scarf

1° Long rectangle de tissu ou de tricot porté autour du cou pour se protéger du froid ou en guise d'ornement.

stole

2° Large bande d'étoffe que les femmes portent sur les épaules comme un châle.

sash

3° Large bande d'étoffe que l'on porte soit en bandoulière, soit nouée autour de la taille, comme insigne d'une dignité.

Forme fautive:
le terme écharpe employé pour désigner un morceau d'étoffe carré ou triangulaire dont on s'entoure le cou comme d'une écharpe (voir carré, mouchoir et fichu).

287. échelle, n.f.
run

Dans un bas, démaillage en forme d'échelle produit par la rupture d'une maille qui a fait filer verticalement les mailles suivantes.

Syn.: **maille filée.**

Forme fautive:
run

288. emmanchure, n.f.
armhole, armscye

1° Chacune des ouvertures d'un vêtement où se montent les manches.

Syn.: **entournure**

armhole, armscye

2° Chacune des ouvertures d'un corsage sans manches par où l'on passe les bras. Ex.: emmanchure américaine.

armhole, armscye

3° Partie de la manche qui s'adapte au corsage.

Syn.: **entournure.**

armhole, armscye

4° Endroit où la manche et le corsage se réunissent au moyen d'une couture.

Syn.: **entournure.**

armhole, armscye

5° Endroit d'un vêtement où la manche prolonge le corsage sans couture. Ex.: emmanchure à même, emmanchure kimono.

REM. Comme on peut le constater, emmanchure et entournure sont le plus souvent synonymes, et il est assez difficile d'établir une différence très nette entre ces deux mots.

289. emmanchure américaine, n.f.
cutaway armhole, cutaway shoulder

Emmanchure d'un corsage sans manches, coupée obliquement de l'aisselle à l'encolure et qui laisse l'épaule nue.

290. empaumure, n.f.
palm

1° Partie du gant qui recouvre l'intérieur de la main depuis la base des doigts jusqu'au poignet, en excluant le pouce.

Syn.: **paume**

palm

2° Par ext. Le terme empaumure s'applique parfois à toute la face interne du gant qui couvre l'intérieur de la main à l'exclusion du poignet.

Syn.: **paume**

291. empiècement, n.m.
yoke

Pièce de forme variable, habituellement ajustée, rapportée dans le haut d'un vêtement, devant ou derrière (ou les deux à la fois), à partir des épaules, ou à partir de la taille dans le cas d'une jupe ou d'un pantalon. (Voir ill. n° 76.)

292. enchapure, n.f.
buckle-loop

Extrémité d'une ceinture (d'une patte ou d'un tirant de réglage) repliée et fixée autour de la barrette ou la carrure d'une boucle, généralement percée d'une mortaise (trou allongé) pour laisser passer l'ardillon. (Voir ill. n° 210.)

293. encolure, n.f.
neckhole, neck opening, neck, neckline

1° Ouverture du vêtement par où l'on passe la tête.

neckline, neck

2° Par ext. Partie du vêtement où se fixe le col.

neck size, size of neck, size of collar

3° Mesure du pourtour d'une encolure. Ex.: chemise d'encolure 14.

294. encolure bateau, n.f. (pl. encolures bateau)
bateau neck (-line), boat neck (-line)

Encolure (ou décolleté horizontal) s'effilant en pointes sur les épaules qu'elle dégage à des degrés divers. (Voir ill. n° 177.)

295. encolure dégagée, n.f.
scoop neckline

Encolure qui s'écarte de la base du cou. (Voir ill. n° 105.)

296. encolure drapée, n.f.
draped neckline

Encolure comportant des plis souples qui peuvent être formés de différentes façons. (Voir ill. n° 182.)

297. encolure montante, n.f.
high necked (garment)

Prolongement de l'encolure vers le haut qui forme un col non rapporté.

Syn.: **col montant.**

298. encolure ras du cou, n.f.
crew neck, jewel neck

Encolure ronde qui s'ajuste très près du cou. (Voir ill. n° 81.)

REM. a) Noter que la locution adjectivale **ras du cou** peut qualifier également tout vêtement qui comporte une encolure ras du cou. Ex. corsage ras du cou.
b) Prise substantivement, l'expression **ras du cou** désigne, par synecdoque, un tricot à encolure ras du cou. Ex.: La mode est aux petits ras du cou en laine ou en coton.
c) On trouve aussi **ras le cou** et **ras-de-cou.**

299. endosser, v. tr.
to put on

Se couvrir d'un vêtement, et spécialement d'un vêtement de dessus ouvert devant, que l'on enfile par les manches. Ex.: Endosser un veston.

300. en forme, loc. adj.
contoured

Ce terme s'applique à la coupe d'un vêtement ou d'une partie de vêtement qui est étudiée de manière à mieux épouser la forme du corps. Cette coupe suit une ligne courbe dont le milieu correspond soit au plein biais, soit au droit fil du tissu selon le degré de courbure que l'on veut obtenir. Ex.: ceinture en forme, col en forme, jupe en forme.

301. enfourchure, n.f.
crotch, fork

En termes de coupe, partie échancrée du pantalon, de la culotte ou du caleçon qui va de la pointe de la fourche jusqu'à la ceinture, devant et derrière.

302. ensemble, n.m.
ensemble

Vêtement à l'usage des deux sexes, mais surtout porté par les femmes, composé d'au moins deux pièces assorties et conçues pour être portées en même temps.

303. ensemble-pantalon, n.m. (pl. ensembles-pantalons)
pantsuit

Deux-pièces féminin composé d'un pantalon et d'un haut s'harmonisant par la teinte et le tissu.

REM. L'ensemble-pantalon diffère du **pantailleur** (voir ce terme) par la coupe de son haut qui peut se prêter à toutes les fantaisies.

304. entournure, n.f.
armscye, armhole

1° Partie de corsage qui entoure la naissance du bras.

armscye, armhole

2° Partie de la manche qui s'adapte au corsage.

Syn.: **emmanchure.**

armscye, armhole

3° Endroit où la manche et le corsage se réunissent au moyen d'une couture. Ex.: Cette veste me gêne aux entournures.

Syn.: **emmanchure.**

armscye, armhole

4° Chacune des ouvertures d'un vêtement où se montent les manches.

Syn.: **emmanchure.**

armscye, armhole	5° En termes de coupe, chacune des échancrures du dos et du devant du corsage (considérés séparément) qui sont situées au niveau de la naissance des bras.

REM. Comme on peut le constater, entournure et emmanchure sont le plus souvent synonymes, et il est assez difficile d'établir une différence très nette entre ces deux mots.

305. entrée de tête, n.f.
headband

1° Étroite bande qui, dans une coiffure, épouse le contour de la tête et sert au montage du bord à la calotte.

head size

2° Mesure de l'ouverture d'une coiffure correspondant au périmètre de la tête (voir **tour de tête).**

306. entre-doublure, n.f.
interlining

Doublure faite de matière variable que l'on insère entre l'étoffe et la doublure ordinaire d'une veste ou d'un manteau d'hiver pour les rendre plus chauds.

307. entrejambe, n.m.
crotch, fork

Partie interne des jambes d'un pantalon, d'une culotte, etc., qui va de la fourche au bas. Ex.: couture d'entrejambe (angl.: *inseam*).

REM. L'entrejambe se confond avec la fourche quand il s'agit d'un vêtement sans jambes qui forme culotte. Ex.: Patte d'entrejambe d'un combiné-culotte.

308. épaulette, n.f.

1° Synonyme de **bretelle (s)** (voir ce terme 1°).

epaulet, epaulette

2° Patte d'épaule qui orne certains uniformes militaires. Elle est de couleur tranchante et garnie de franges.

shoulder pad

3° Pièce rembourrée cousue à l'intérieur d'un vêtement, au niveau des épaules, pour rehausser la pente de celles-ci et parfois élargir la carrure. On l'utilise particulièrement quand il s'agit de camoufler un défaut de conformation ou pour se plier aux décrets de la mode.

Formes fautives:
a) pad;
b) padding.

309. esquimau, n.m.
snowsuit

Tout ensemble d'hiver pour jeunes enfants, composé d'une veste avec glissière sur le devant et capuchon tenant ou amovible le plus souvent bordé de fourrure acrylique, et d'un pantalon-fuseau avec ou sans pieds. L'esquimau peut également affecter la forme d'une combinaison. (Voir ill. n° 173.)

Formes fautives:
a) habit de neige;
b) suit;
c) snowsuit.

310. **étole,** n.f.
stole

Par analogie avec le vêtement liturgique, bande d'é-toffe ou de fourrure, droite ou en forme, portée par les femmes pour compléter leur toilette. Elle couvre les épaules et peut même descendre jusqu'aux genoux en deux pans plus ou moins larges.

311. **Eton,** n.m.
Eton suit

Vêtement de cérémonie pour garçonnet, ressemblant au costume porté par les élèves du collège d'Eton, en Angleterre. Il se compose d'un spencer (voir ce terme 2°), d'un gilet assorti et d'un pantalon gris rayé. (Voir ill. n° 67.)

F

312. **faire,** v. tr.
to make

1° Confectionner. Ex.: Faire un robe.

2° En parlant d'un vêtement, produire un certain effet, donner une impression particulière. Ex.: La coupe de ce tailleur vous fait la taille fine. (Angl.: *The cut of this suit has a slimming effect on you.*)

3° Se dit en parlant de la taille, des mesures ou des pointures de quelqu'un. Ex.: Quel tour de taille fait-elle? (Angl.: *What is her waist measurement?*)

Se faire, v. pron.

4° Être à la mode, en parlant d'une pièce d'habillement. Ex.: Les blazers se font beaucoup cette année. (Angl.: *The blazers are in this year.*)

Forme fautive:
Au Québec, on dit abusivement faire pour aller (voir ce terme).

313. **falbalas,** n.m. pl.
furbelows

Ornements prétentieux et excessifs sur une toilette.

314. **faluche,** n.f.
painter's beret

Béret ample et souple, généralement de velours noir, que portaient autrefois les étudiants. Les fantaisies de la mode en font parfois une coiffure féminine.

315. **fanchon,** n.f.
kerchief, babushka, head scarf

Coiffure féminine faite d'un fichu de forme triangulaire, ou d'un mouchoir plié en triangle. La pointe se place à l'arrière de la tête et les deux bouts se nouent sous le menton. Il peut aussi être retenu par des brides.

REM. Le mot fanchon est un diminutif hypocoristique de Françoise.

316. **fausse manche,** n.f.

Synonyme de **manchette** (voir ce terme 3°) et de **manche.**

317. **fausse poche,** n.f.
false pocket,
mock pocket

Garniture (patte, rabat, passepoil) simulant une poche.

Forme fautive:
poche menteuse.

318. **faux-col,** n.m.
detachable collar

Col amovible, empesé ou non, qui s'adapte à l'aide de boutons au pied de col d'une chemise d'homme.

Formes fautives:
a) col (voir ce terme);
b) collet (voir ce terme).

319. **faux pli,** n.m.
wrinkle, crease

Pli inesthétique qui résulte du froissement ou du mauvais ajustement d'un vêtement.

REM. Dans ce dernier sens, on dit aussi **grimace.**

Syn.: **pli.**

320. **fenêtre,** n.f.
opening, cut-out

Ouverture décorative de forme variable pratiquée dans une manche, un corsage, un gant, etc., et qui laisse voir la peau. (Voir ill. n° 230.)

Forme fautive:
découpe (voir ce terme).

321. **fente,** n.f.
slash

Ouverture étroite et allongée pratiquée dans toute l'épaisseur d'un vêtement. Ex.: fente d'un poignet, d'une boutonnière.

322. **fente latérale,** n.f.
side vent

Dans le bas d'un vêtement, ouverture verticale située dans le prolongement de la couture du côté. Ex.: fente latérale d'une jupe.

REM. Les bords de certaines fentes latérales, par exemple celles d'une veste, se superposent au lieu de demeurer bord à bord.

323. **fente médiane,** n.f.
center back vent

Ouverture verticale qui, dans le bas du dos, se situe en prolongement de la couture du milieu du dos d'un vêtement. Ex.: fente médiane d'un veston, d'un manteau.

REM. Les bords de la fente médiane peuvent se rencontrer bord à bord, ou encore se croiser en se superposant comme dans le cas d'un veston, d'un manteau.

324. **fermeture à glissière,**
n.f. (pl. fermetures
à glissière)
zipper,
slide fastener

Système de fermeture formé de deux bandes parallèles de ruban sergé, fixées de chaque côté d'une ouverture d'un vêtement et bordées d'une crémaillère dont les dents de métal ou de matière plastique s'engrènent au moyen d'un curseur (petite pièce mobile coulissante nommée en anglais *slider*) qu'il suffit de tirer.

REM. a) **Fermeture à glissière** est préférable à **fermeture-éclair** (voir ce terme).
b) On dit aussi, en abrégé et familièrement, **glissière**.

Formes fautives:
a) zip;
b) zipper;
c) tirette. (voir ce terme 2°).

325. **fermeture-éclair,** n.f.

À l'origine: **fermeture Éclair,** nom déposé.
Préférer **fermeture à glissière** (voir ce terme).

326. **ferret,** n.m.
tag, lace tab

Bout métallique (ou de matière plastique) d'un lacet, qui facilite son passage dans les oeillets.

327. **feutre,** n.m.

Voir **chapeau de feutre** 2°.

328. **fichu,** n.m.
fichu, kerchief, head scarf

Pièce d'étoffe souple (lainage, soie ou dentelle), de forme triangulaire ou pliée en triangle, dont les femmes se couvrent la tête, les épaules ou le cou.

Forme fautive:
écharpe (voir ce terme).

329. **filer,** v. intr.
to run

Se dit: a) d'une maille dont la boucle cède et entraîne le démaillage de la même rangée verticale. Ex.: Une maille a filé dans son bas.
b) par ext., d'un bas qui se démaille. Ex.: Mon bas a filé.

330. **fixe-chaussette,** n.m.
(pl. fixe-chaussettes)
garter

Dispositif servant à maintenir tendues des chaussettes d'homme. Il est constitué d'un ruban caoutchouté qui se place autour du mollet et qui est muni d'une bande verticale terminée par une pince. (Voir ill. n° 163.)

Syn.: **jarretelle.**

331. **fond,** n.m.
seat

1° Partie d'un pantalon, d'une culotte, etc., située au niveau du siège.

crown

2° Partie supérieure de la calotte d'un chapeau.

crown

3° Synonyme de **calotte** (voir ce terme 2°), surtout lorsqu'il s'agit de casquettes, bérets ou autres coiffures à calotte souple.

4° Synonyme de **coiffe** (voir ce terme 2°).

332. **fond de jupe,** n.m.
(pl. fonds de jupe)
skirt foundation

Doublure flottante de jupe, cousue uniquement à la ceinture de cette dernière.

333. fond de robe, n.m.
(pl. fonds de robe)
foundation slip, slip

Sous-vêtement féminin très voisin du jupon-combinaison, mais qui est un peu plus couvrant de sorte qu'il peut se porter sous un vêtement d'une certaine transparence, et faire plus ou moins office de doublure. Sa partie supérieure se prolonge sur les épaules en de larges bretelles à même, non réglables. (Voir ill. n° 140.)

334. forme, n.f.
hat shape

1° Armature sur laquelle on tend et coud l'étoffe d'un chapeau.

hat shape

2° Calotte de feutre qui n'a pas encore été travaillée.

shape

3° Aspect d'un vêtement, d'un chapeau considéré par rapport à sa ligne. Ex.: manteau de forme raglan; chapeau de forme canotier.

4° Synonyme de **calotte** (voir ce terme 2°).

335. foulard, n.m.
scarf

1° Fichu ou mouchoir qui tire son nom du tissu léger de soie ou de rayonne, uni ou imprimé dans lequel il est fait et qui s'appelle foulard.

scarf

2° Sorte de cache-col de même tissu.

Forme fautive:
foulard de laine.

336. fourche, n.f.
crotch, fork

Creux de l'enfourchure qui forme pointe et est situé à la réunion des jambes d'un pantalon, d'une culotte, d'un caleçon.

337. fourchette, n.f.
fourchette

Chacune des petites bandes cousues aux entredoigts d'un gant coupé (voir **gant**) pour former la partie latérale des doigts. (Voir ill. n° 231.)

338. fourré, e, adj.
fur lined, furred

Se dit d'un vêtement dont la doublure est constituée de fourrure. Ex.: La caractéristique de la pelisse est d'être fourrée.

339. fourreau, n.m.
sheath

1° Robe habituellement non ceinturée qui épouse la forme du corps.

REM. On dit aussi, par apposition, **robe fourreau.**

sheath

2° Sorte de fond de robe collant fait de soie, de taffetas ou d'un tissu similaire, qui se porte sous une robe habillée transparente.

sheath

3° On appelle également ainsi, par analogie, une jupe moulante.

340. frac, n.m.

Synonyme légèrement vieilli **d'habit** (voir ce terme 3°).

341. **fronce,** n.f.
gather

Chacun des petits plis obtenus en resserrant une étoffe à l'aide d'un fil coulissé. (Voir ill. n° 200.)

342. **froncis,** n.m.
gathering

Ensemble de fronces exécutées sur un vêtement ou une étoffe.

343. **fuseau,** n.m.
tapering trousers, slims, ski pants

Le terme fuseau est une forme abrégée de pantalon fuseau et s'emploie absolument pour désigner un pantalon généralement extensible, dont les jambes vont se rétrécissant jusqu'à la cheville pour se terminer par un sous-pied. Ex.: un fuseau de ski. (Voir ill. n° 43.)

G

---

344. **gabardine,** n.f.
twill raincoat; gabardine raincoat

Vêtement de pluie auquel on a donné le nom de l'étoffe plutôt légère, au tissage serré, dans laquelle il est confectionné.

345. **gaine,** n.f.
girdle

Sorte de corset souple fait de matière extensible, de forme plus ou moins tubulaire, sans baleines ni laçage, pourvu de jarretelles souvent amovibles et d'un plastron abdominal. Ce sous-vêtement est destiné à galber la taille et les hanches. (Voir ill. n° 149.)

346. **gaine-culotte,** n.f.
pantie-girdle, pull-on girdle, step-in girdle

Gaine ayant la forme d'une culotte avec ou sans jambes, le plus souvent munie de jarretelles amovibles.

347. **gandoura,** n.f.
gandoura, gandourah

Sorte de tunique de style très sobre, vaguement inspirée de la gandoura que portent les Arabes sous le burnous. Elle tombe jusqu'aux pieds, comporte des manches longues et, contrairement à la djellaba et au burnous, n'a pas de capuchon.

348. **gant,** n.m.
glove

Accessoire vestimentaire qui épouse la forme de la main et habille chaque doigt séparément. Il présente parfois une fente au poignet et peut se prolonger en un rebras.

On distingue les gants coupés qui sont faits de pièces de peausserie (cuir fin) ou d'étoffes diverses cousues, et les gants de tricot tubulaire qui ne comportent pas de coutures d'assemblage. Ces derniers peuvent être faits de fil, de coton, de soie ou de laine. On les classe, selon leur longueur, en différentes catégories: gants courts, à manchette, mi-longs, trois quarts et longs. La longueur peut aussi s'exprimer en nombre de boutons, même si le gant n'en comporte pas réellement. Ex.: un gant à quatre boutons. (Angl.: *a four-button length glove*).

349. **gant auto,** n.m. (pl. gants auto)

Synonyme de **gant de conduite** (voir ce terme).

350. **gant court,** n.m. *shorty, shortie*

Gant ne couvrant que la main ou se prolongeant légèrement sur le poignet.

351. **gant de conduite,** n.m. *racer glove, racing glove*

Sorte de gant court et souple, généralement de peausserie. Il présente, au dos de la main, une large échancrure ainsi que quatre fenêtres au niveau des jointures et souvent des perforations tout au long des doigts, ce qui donne à la main une grande liberté de mouvement. Sa paume comporte, parfois, des nervures transversales qui assurent une prise solide sur le volant. (Voir ill. n° 229.)

Syn.: **gant auto**

352. **gant de Saxe,** n.m.

Voir **saxe** et **gant saxe.**

353. **ganter,** v. tr. *to glove*

se ganter, v. pron. *to glove oneself*

1° Couvrir d'un gant la main de quelqu'un. Ex.: Cette petite n'est pas facile à ganter.

2° Mettre, porter ou s'acheter des gants. Ex.: Elle ne sort jamais sans se ganter.

3° Façon dont le gant s'adapte à la main. Ex.: Ces gants de chevreau vous gantent parfaitement. (Angl.: *These kid gloves suit you perfectly.*)

4° Par ext. Se réfère à la pointure des gants. Ex.: ganter du huit. (Angl.: *To wear size eight gloves.*)

354. **gant fourré,** n.m. *fur-lined glove*

lined glove

1° Gant dont l'intérieur est en fourrure.

2° Par ext. Gant garni d'une doublure textile: jersey de laine, de soie, etc.

355. **gant long,** n.m. *over-elbow length glove*

Gant prolongé par un rebras qui monte au-dessus du coude.

356. *gant mi-long,* n.m. (pl. gants mi-longs) *mid-arm length glove*

Gant dont le rebras s'arrête à mi-chemin entre le poignet et le coude.

REM. On dit aussi **gant demi-long.**

357. gant saxe, n.m.
(pl. gants saxe)

Voir **saxe** et **gant de Saxe.**

358. gant trois-quarts,
n.m.
*almost-elbow
length glove*

Gant dont le rebras se prolonge sur l'avant-bras en le couvrant presque entièrement.

359. garde-robe, n.f.
(pl. garde-robes)
wardrobe

Ensemble des vêtements appartenant à une personne.

Syn.: **vestiaire.**

360. genouillère, n.f.
knee-warmer

1° Sorte de fourreau en tricot que l'on enfile par-dessus le genou pour le protéger contre le froid.

kneecap, kneepad

2° Tout article servant à protéger ou à maintenir le genou.

361. gilet, n.m.
vest, waistcoat

1° Vêtement masculin couvrant uniquement le torse, qui se porte sur la chemise et sous le veston d'un complet. Sans manches, il n'a généralement pas de col, mais son encolure en V distinctive peut comporter des revers. Il est cintré, à simple ou double boutonnage devant, et pourvu le plus souvent de quatre poches caractéristiques dites «poches gilets», ainsi que de tirants de réglage à la taille, dans le dos. Ses devants se terminent en deux pointes sur l'abdomen et le dos peut être en tissu à doublure. Selon qu'il est tailleur, de soirée ou sport, l'étoffe et la couleur du gilet sont identiques à celles du pantalon et du veston ou sont différentes. (Voir ill. n°s 47 et 51.)

Forme fautive:
veste, (voir ce terme).

vest, waiscoat

2° Vêtement féminin analogue au précédent. Il est classique ou de fantaisie suivant la mode et le genre d'ensemble dont il fait partie; il se porte le plus souvent sur un chemisier, avec une jupe ou un pantalon assortis, et sous la jaquette d'un tailleur.

vest

3° Sorte de manteau plutôt léger, en étoffe, sans manches, boutonné ou non, que les femmes portent soit sur une robe, soit sur un corsage assorti d'un pantalon ou d'une jupe.

Voir aussi **gilet de laine.**

362. gilet de corps, n.m.
undershirt, athletic

1° Sous-vêtement masculin en maille qui moule étroitement le torse et se porte sur la peau. Il est

undershirt, athletic shirt, singlet	dépourvu de manches, et son encolure ainsi que ses emmanchures sont dégagées de manière à former des épaulettes.
	Syn.: **gilet de peau, maillot de corps.**
long-sleeve shirt	2° Chaud sous-vêtement masculin analogue au précédent, pourvu de manches longues, d'une encolure ras du cou et souvent d'un boutonnage devant.

363. **gilet de laine,** n.m.
V-neck cardigan, cardigan

Tricot de laine boutonné au milieu du devant, avec ou sans manches, à encolure en V caractéristique, avec bord-côte à la base et aux poignets, qui s'arrête généralement aux hanches et peut descendre plus bas. (Voir ill. n° 114.)

REM. Ne pas confondre avec **cardigan** (voir ce terme).

364. **gilet de peau,** n.m.

Synonyme de **gilet de corps** (voir ce terme) et de **maillot de corps.**

365. **glissière,** n.f.

Forme abrégée et familière de **fermeture à glissière** (voir ce terme).

366. **goder,** v. intr.
to pucker, to ruck up

En parlant d'un vêtement ou d'une partie de vêtement, former des ondulations disgracieuses par suite d'une mauvaise coupe ou d'un montage défectueux.

Forme fautive:
Employer le terme godé pour désigner un vêtement à godets (voir godet 1°, 2° et 3°).

367. **godet,** n.m.
flare

1° Chacune des ondulations qui se forment d'elles-mêmes au bas d'un vêtement évasé, par suite de sa coupe en biais ou en forme.

godet

2° Chacun des plis souples obtenus en intercalant, à intervalles réguliers, des soufflets dans des encoches verticales, au bas d'un vêtement ou d'une partie de vêtement coupés à droit fil. Ex.: jupe à godets.

gore

3° Chacun des lés ou panneaux triangulaires d'une jupe qui font qu'elle s'évase et retombe en plis souples.

REM. On dit jupe «à godets» et non jupe godée (voir goder).

pucker

4° Ondulation inesthétique au bas d'un vêtement ou d'une partie de vêtement qui ne tombe pas d'aplomb. Ex.: Cette jupe tombe mal, elle forme un godet sur le côté.

368. **gousset**, n.m. *gusset*	1° Voir **poche gousset.**
	2° Petite pièce de tissu en forme de losange ou de triangle placée à l'aisselle d'une manche kimono ou d'une manche à même pour donner plus d'aisance. **Forme fautive:** En couture, on appelle souvent, à tort, cette pièce soufflet (voir ce terme).
crotch	3° Losange de tricot, souvent renforcé, placé à la fourche d'un bas-culotte.
369. **grenouillère**, n.f. *jumpsuit*	1° Synonyme de **combinaison de nuit** (voir ce terme) et de **dormeuse.**
	2° Plus spécialt Combinaison à pieds, décolletée et sans manches que les jeunes portent par-dessus un corsage léger. (Voir ill. n° 169.)
370. **grimace**, n.f. *pucker, wrinkle*	Voir **faux-pli.**
371. **guêtre**, n.f. *gaiter, spat*	Sorte d'enveloppe, généralement d'étoffe ou de cuir, qui recouvre la jambe et le dessus de la chaussure. De longueur variable, elle comporte un sous-pied et un système de fermeture à boutons ou à crochets sur le côté.

H

372. **habillable**, adj. *easy to dress*	Se dit de quelqu'un qui peut porter de façon seyante tout genre de vêtements qu'on lui fait. Ex.: Cette personne a une conformation qui la rend difficilement habillable.
373. **habillage**, n.m. *dressing*	Action de mettre des vêtements. Ex.: L'habillage de ce comédien doit se faire rapidement.
374. **habillé, e**, adj. *dressed*	1° Qui porte des vêtements.
	2° Se dit de la manière dont une personne est vêtue, considérée du point de vue de l'esthétique. Ex.: Elle est toujours habillée avec goût. (Angl.: *She always dresses in good taste.)*
dressy	3° S'applique aussi à une tenue, à une pièce d'habillement, à un tissu ou une couleur convenant aux

réceptions, aux soirées, aux cérémonies. Ex.: Cette robe est beaucoup plus habillée que l'autre.

dressed up, formally dressed

4° Qui porte des vêtements habillés. Ex.: Il n'y avait là que des gens habillés. «*On est toujours trop habillée et jamais trop élégante*» (Coco Chanel).

Forme fautive:
L'expression *de toilette* employée pour qualifier une partie de l'habillement, une couleur (voir toilette).

375. **habillement,** n.m.
clothing

1° Ensemble de tous les vêtements et accessoires qui servent à couvrir, protéger et orner le corps. Ex.: Dépenser beaucoup pour l'habillement.

clothing

2° Par ext. Façon de s'habiller. Ex.: Avoir un habillement extravagant.

376. **habiller,** v. tr.
to put on clothes, to dress, to clothe, to make clothes for

1° Mettre des vêtements (à quelqu'un); donner des vêtements (à quelqu'un); faire sur mesure des vêtements (pour quelqu'un). Ex.: L'infirmière a habillé le malade. La couturière habille ses clientes.

to suit, to fit

2° Aller bien, en parlant d'un vêtement (voir **aller**). Ex.: Ce manteau vous habille.

to dress up (someone) as, to dress (someone) in

3° Mettre telle sorte de vêtements à quelqu'un, lui faire porter telle couleur. Ex.: Habiller son enfant en Pierrot. Habiller sa poupée de rose.

s'habiller, v. pron.
to dress oneself; to get one's clothes from (a fashion designer)

4° Se vêtir ou se pourvoir de vêtements. Ex.: Elle s'habille chez un grand couturier.

to dress up as, to dress in

5° Porter telle sorte de vêtements, telle couleur. Ex.: S'habiller de bleu. S'habiller en grande dame.

to dress

6° Porter telle ou telle sorte de vêtements considérés par rapport à l'effet qu'ils produisent du point de vue de l'esthétique. Ex.: S'habiller bien, mal, avec recherche.

to dress, to dress up

7° Par ext. et absolt Revêtir des vêtements habillés. Ex.: Il faut s'habiller pour cette soirée.

REM. Au Québec, on emploie aussi **se toiletter** qui est une forme familière et expressive de **s'habiller.** À noter que **toiletter** peut signifier faire la toilette d'un animal d'appartement.

377. **habit,** n.m.
dress, costume, habit

1° Le terme habit employé au singulier désigne l'ensemble des pièces constituant une tenue particulière, à l'exclusion de la coiffure et des chaussures. Habit est toujours suivi d'un complément déterminatif, sauf au 3° sens et dans les expressions se référant à l'habit ecclésiastique. Ex.: habit de cheval; prendre l'habit.

clothes

2° Employé au pluriel, le terme désigne, moins souvent aujourd'hui, l'ensemble des vêtements. Ex.: Mettre ses habits du dimanche; brosse à habits.

full dress, evening dress, tailcoat, tails, dress-coat, formal, dress suit

3° Tenue de soirée masculine qui se porte de moins en moins et uniquement pour les cérémonies officielles, après six heures. L'habit proprement dit consiste en une courte veste ajustée de fin drap noir ou bleu nuit (ou d'étoffe blanche légère, pour l'été) à col tailleur, à revers de soie s'écartant suffisamment pour laisser voir le gilet; elle est prolongée par une queue formée de deux longues et étroites basques échancrées sur les hanches et pendant derrière, jusqu'aux mollets.

L'habit se porte avec le pantalon à galons de soie, sans revers, assorti à la veste. Il s'accompagne obligatoirement d'un gilet blanc, d'une chemise à plastron, d'un col cassé, d'une cravate blanche, de gants blancs et d'un haut-de-forme. (Voir ill. n° 53.)

Syn. (légèrement vieilli): **frac.** Syn. familiers: **queue-de-pie, queue-de-morue.**

REM. C'est à tort que l'on a condamné le terme **habit à queue** qui est parfaitement français (voir **queue**).

Formes fautives:
a) habit au féminin;
b) habit au sens de complet (voir ce terme).

378. **haut** (d'un vêtement), n.m.
top

1° Partie supérieure d'un vêtement.

top

2° Terme générique désignant tout vêtement qui couvre le torse, considéré par rapport à la jupe, au pantalon, etc., qu'il accompagne. Ex.: Le pantalon féminin se porte cette année avec toutes sortes de hauts: chemisiers, débardeurs, vestes, manteaux trois-quarts, blousons, etc.

379. **haut-de-forme,** n.m. (pl. hauts-de-forme)
high silk hat, top hat, opera hat

Chapeau de panne de soie dont la calotte, formée d'un haut cylindre, est entourée d'un ruban. Le fond est ovale et plat. Les bords sont étroits et relevés sur les côtés. Le haut-de-forme se porte dans les grandes occasions: gris ou noir suivant la mode, les pays, les circonstances, ou selon qu'il accompagne la jaquette ou l'habit. (Voir ill. n° 60.)

Syn.: **chapeau de soie, huit-reflets, tuyau de poêle** (appellation familière).

380. **haute couture,**
loc. adj. inv.

Qualifie un vêtement sortant des ateliers d'un grand couturier. Ex.: Robe ou manteau haute couture.

381. **haute couture,** n.f.s.
haute couture,
couture, high style
dressmaking

1° Création par les grands couturiers de modèles originaux exécutés sur mesures, spécialement dans le domaine de l'habillement féminin. Ex.: Depuis quelques années le prêt-à-porter dame le pion à la haute couture.

couture, couturier

2° Par ext. Ensemble ou réunion de grands couturiers. Ex.: La haute couture présente ses collections chaque saison.

382. **houppelande,** n.f.
greatcoat, surcoat

Manteau (ou pelisse) long et très ample, comportant un col plat ainsi que des manches flottantes, larges et évasées. Ex.: houppelande de berger, de cocher.

383. **huit-reflets,** n.m.
invar.

Synonyme de **haut-de-forme** (voir ce terme), de **chapeau de soie** et de **tuyau de poêle** (appellation familière).

I

---

384. **imper,** n.m.

Forme abrégée et familière d'**imperméable** (voir ce terme).

385. **imperméable,** n.m.
raincoat

Manteau (ou cape) qui protège contre la pluie et peut être muni d'un capuchon. Il est confectionné soit dans des tissus enduits, apprêtés ou très serrés, soit dans des matières qui ne se laissent pas traverser par l'eau, comme le plastique ou le caoutchouc.

REM. On dit aussi par apocope **imper.**

386. **incrustation,** n.f.
inset

Garniture consistant en un motif découpé et cousu à plat sur une étoffe de fond; celle-ci est ensuite découpée sous le motif au ras de la couture. (Voir ill. n° 144.)

387. **indémaillable,** adj.
runproof,
run-resistant

Se dit du tricot d'un vêtement, particulièrement d'un bas, dont la contexture est telle que la rupture d'une maille est sans effet sur les mailles voisines.

J

388. jabot, n.m.
jabot, shirt-frill

Parure flottante de fine lingerie plissée ou froncée, amovible ou non qui, fixée à la base d'une encolure, retombe en s'étalant sur la poitrine.

REM. Le jabot peut aussi se diviser en deux parties s'il est cousu aux bords de l'ouverture du vêtement.

389. jambe, n.f.
leg

1° Chacune des deux parties d'un vêtement qui habille séparément les jambes. Ex.: jambes d'un pantalon.

leg

2° Synonyme de **tige** (voir ce terme).

390. jambière, n.f.
shin-guard,
shin-pad, legging

Pièce du vêtement ou de l'équipement, de forme et de matière variables, qui sert à protéger la jambe sans couvrir le pied.

391. jaquette, n.f.
morning coat,
cutaway coat

1° Longue veste de cérémonie, de couleur sombre (presque toujours ardoise), que les hommes portent le jour avec un pantalon rayé assorti. Elle est souvent cintrée et comporte un col tailleur. Ses basques, un peu arrondies et largement ouvertes devant à partir des environs de la taille, descendent derrière jusqu'au niveau des genoux, en s'effilant plus ou moins. (Voir ill. n° 59.)

Forme fautive:
habit à la française.

jacket, coat

2° Veste descendant jusqu'aux hanches, souvent cintrée ou légèrement «appuyée» à la taille, qui fait partie d'un ensemble pour dame. Ex.: jaquette d'un tailleur.

REM. Le mot **veste** tend à supplanter le terme jaquette dans ce dernier sens.

Formes fautives:
a) jaquette au sens de chemise de nuit (voir ce terme);
b) jaquette d'hôpital pour chemise de malade.

392. jarretelle, n.f.
garter

1° Bande élastique très extensible fixée ou accrochée à la verticale au bas d'une gaine, d'un porte-jarretelles, d'un corset, et qui sert à retenir les bas. La jarretelle peut être de longueur réglable et elle comporte à son extrémité inférieure un système d'attache. (Voir ill. n° 161.)

garter

2° Synonyme de **fixe-chaussette** (voir ce terme).

Forme fautive:
jarretière (voir ce terme).

393. jarretière, n.f.
garter

Ruban élastique circulaire destiné à maintenir les bas. (Voir ill. n° 162.)

Formes fautives:
a) jarretière ronde (expression pléonastique);
b) jarretière au sens de jarretelle (voir ce terme).

394. jean, n.m.
jeans

1° Pantalon de sport ou de ville porté surtout par les jeunes des deux sexes et fait de tissu rustique très résistant (jean, toile, coutil, treillis, etc.) généralement d'un bleu délavé. Il est ajusté aux hanches, orné de surpiqûres ocres, de poches-revolver plaquées, souvent renforcées aux angles par des rivets. Il comporte à l'arrière un empiècement sous la ceinture. Les jambes sont étroites au moins jusqu'aux genoux et dépourvues de plis. Ex.: J'ai mis un jean.

jeans

2° Tout pantalon de style analogue, quelle que soit la matière dans laquelle il est coupé.

Formes fautives:
a) jean employé au pluriel pour désigner un seul article;
b) une paire de jeans (anglicisme);
c) le mot jean employé au féminin.

395. jersey, n.m.
jersey

Pull moulant à manches longues ou courtes fait de laine très fine ou de soie maillées.

396. jodhpurs, n.m.pl.
jodhpurs

Pantalon d'équitation bouffant au niveau des cuisses, dont les jambes, longues et étroites à partir des genoux, se portent par-dessus des bottillons (appelés aussi jodhpurs) et aussi tendues par des sous-pieds.

397. jugulaire, n.f.
chin-strap

Attache passant sous le menton, destinée à assujettir une coiffure. Elle se fixe de chaque côté au niveau des oreilles, souvent au moyen de boutons-pression. Ex.: jugulaire d'un casque, jugulaire d'un bonnet de bain. (Voir ill. n° 265.)

Syn.: **mentonnière.**

398. jupe, n.f.
skirt

1° Vêtement féminin qui descend plus ou moins bas sur les jambes à partir de la ceinture.

REM. Dans certains pays, la jupe est aussi portée par les hommes.

skirt

2° Par ext. Partie inférieure d'une robe, d'une combinaison-jupon, d'un fond de robe ou d'un manteau (de femme ou d'homme) qui va de la taille à l'ourlet inclusivement.

399. jupe-culotte, n.f.
(pl. jupes-culottes)
culotte-skirt, divided skirt, pantskirt

Culotte sport qui produit un effet de jupe par l'ampleur de ses jambes et par sa coupe étudiée de façon à dissimuler l'entrejambe.

400. jupe droite, n.f.
straight skirt, sheath skirt

Jupe resserrée à la taille par une ceinture apparente; elle moule les hanches grâce à des pinces ou des fronces et tombe droit vers le bas. Elle peut aussi comporter un pli d'aisance derrière.

401. jupe portefeuille, n.f.
(pl. jupes portefeuille)
wrap skirt, wraparound skirt

Jupe enveloppante, droite ou légèrement évasée, comportant un panneau qui se rabat et se boutonne à gauche ou à droite sur le devant ou plus rarement derrière. (Voir ill. n° 122.)

402. jupette, n.f.
mini-skirt

1° Petite jupe qui s'arrête au haut des cuisses.

REM. Sous l'influence de l'anglais mini-skirt, le terme jupette a été supplanté par le mot **mini-jupe** lorsque ce vêtement connut une grande vogue à partir de 1966.

little skirt

2° Petite jupe faisant partie du maillot de bain féminin.

tennis skirt

3° Petite jupe de tennis, souvent plissée soleil.

403. jupon, n.m.
half-slip

Sous-vêtement féminin consistant en une jupe de lingerie montée sur un élastique à la taille, et qui est légèrement plus courte que le vêtement sous lequel elle est portée. (Voir ill. n° 145.)

Formes fautives:
a) jupon au sens de combinaison-jupon (voir ce terme);
b) jupon à la taille (expression pléonastique);
c) demi-jupon (anglicisme).

K

404. képi, n.m.
kepi, peaked cap

Coiffure rigide faisant partie de certains uniformes. Sa calotte est cylindrique et pourvue d'une visière.

Forme fautive:
Le terme képi pour désigner une casquette d'uniforme (voir casquette).

405. kilt, n.m.
kilt

Jupe de style portefeuille, plissée à l'arrière et sur les côtés, faite de lainage généralement à carreaux et qui ressemble à la jupe, appelée *kilt,* faisant partie du costume national des Écossais. Des épingles décoratives, des boutons ou des tirants rattachent au côté gauche la partie plate qui se rabat devant, et dont le bord latéral est effilé.

406. kimono, n.m.
kimono

Sorte de robe de chambre ou de peignoir imitant la longue tunique qui constitue l'élément fondamental du costume japonais. Ce vêtement d'intérieur est dépourvu de col et comporte un devant à large croisure de style cache-coeur, des manches à même très amples et une ceinture à nouer, de largeur variable.

Forme fautive:
kimono employé pour désigner n'importe quelle sorte de robe de chambre.

407. knicker (s), n.m.

Forme abrégée et familière de **knickerbockers.**

REM. Ne pas prononcer à l'anglaise ni faire sonner le k initial.

408. knickerbockers, n. m. pl.
knickerbockers

Pantalon de sport ou de ville dont les jambes bouffantes s'arrêtent au-dessous des genoux ou aux mollets. (Voir ill. n° 128.)

Syn.: culotte (de) golf, pantalon (de) golf.

REM. a) Ne pas prononcer à l'anglaise, et ne pas faire sonner le k initial.
b) On dit aussi, par apocope, **knicker (s).**

L

---

409. laçage, n.m.
lacing

Fermeture souvent décorative d'une partie de vêtement ou d'une pièce de l'habillement, qui consiste en un lacet passé dans des oeillets. Ex.: laçage d'un polo, d'une chaussure. (Voir ill. n° 198.)

410. lacet, n.m.
lace (de vêtement);
shoelace, shoe-string (de chaussure)

1° Cordon étroit, plat ou rond, fait de soie, de coton ou d'autre matière, habituellement terminé par des ferrets, qu'on croise en le passant dans des oeillets ou des crochets pour fermer ou resserrer une chaussure ou une partie de vêtement. (Voir ill. n° 199.)

drawstring

2° Par ext. Cordelette coulissante servant à resserrer

diverses pièces d'habillement. Ex.: capuche à lacet coulissant. (Voir ill. n° 36.)

411. lainage, n.m.
woolen(s)

Tout vêtement fait de laine tricotée. Ex.: Couvrez-vous d'un lainage, le temps fraîchit.

412. lavallière, n.f.
loosely tied bow,
bow tie

Cravate souple consistant en un large noeud à deux coques flottantes et dont les extrémités s'étalent sur la poitrine. (Voir ill. n° 276.)

REM. On dit également **cravate lavallière.**

Forme fautive:
le mot lavallière employé pour ascot (voir ce terme).

413. layette, n.f.
baby-linen

Ensemble des vêtements et du linge nécessaires au nourrisson.

Forme fautive:
Malgré l'extension que tend à prendre le mot trousseau (voir ce terme) en France dans la langue publicitaire, il ne doit pas s'employer au sens de layette.

414. lé, n.m.
gore, panel

Synonyme de **panneau** (voir ce terme).

Forme fautive:
laize, terme de l'industrie textile désignant la largeur totale d'une étoffe, lisières comprises.

415. léotard, n.m.
leotard

Maillot d'acrobate ou de danseur, échancré sur la poitrine.

416. lien, n.m.
tie

1° Terme générique désignant différentes sortes de cordons qui servent d'attaches à un vêtement ou à une partie de vêtement.

tie belt

2° Bande d'étoffe longue et étroite, cordelette ou lanière de cuir que l'on noue autour de la taille en guise de ceinture. (Voir ill. n° 107.)

417. linge, n.m.
underwear,
underlinen, linen

1° Ensemble des sous-vêtements et des pièces amovibles de l'habillement (jabots, plastrons, etc.) en tissu léger, ainsi que les mouchoirs.

REM. On dit aussi **linge de corps** en parlant des sous-vêtements.

Forme fautive:
butin de corps

linen

2° Ensemble des articles servant aux divers usages d'hygiène et de propreté: tabliers, serviettes, etc.

418. linge de corps, n.m.

Voir **linge** 1°.

419. lingerie, n.f.
lingerie, linen

Le terme s'applique spécialement à l'ensemble des dessous féminins, de tissus fins et lavables, brodés ou garnis de dentelles. Il peut s'étendre aux pièces de l'habillement ayant les caractéristiques de la lingerie, telles que déshabillés, robes d'enfants, blouses, chemisiers, vêtements de nuit, etc.

420. liquette, n.f.
mini shirtdress,
mini-shirt

1° Mini-robe ou corsage qui se porte par-dessus une jupe, un pantalon ou une tenue de plage. La liquette la plus courante descend à mi-cuisses, est fendue sur les côtés à partir des hanches, comporte des manches longues, un col en pointes, un boutonnage sur toute la longueur du devant et des pans arrondis qui l'apparentent à la chemise d'homme (Voir ill. n° 100.)

St. Tropez shirt

2° Sorte de tee-shirt à manches courtes ou longues, fendu au niveau des hanches et comportant des pans arrondis qui descendent jusqu'à la partie supérieure des cuisses. (Voir ill. n° 104.)

421. liseuse, n.f.
bed jacket

Genre de petite veste ou de courte cape d'intérieur s'arrêtant à la taille ou un peu au-dessous, qui se fait en matières diverses (fine lingerie, laine tricotée, etc.) et que les femmes portent au lit, sur leur vêtement de nuit, principalement pour lire.

422. loin du corps,
loc. adj.
loose-fitting

Se dit de tout vêtement non ajusté qui, toutefois, n'est pas véritablement ample.

423. longueur chanel, n.f.

Voir **chanel.**

M

424. macfarlane, n.f.
inverness cape,
macfarlane

Long manteau d'homme, recouvert d'une pèlerine descendant jusqu'à la taille. Il n'a pas de manches mais simplement des ouvertures pour les bras et comporte des fentes obliques sur le devant, au niveau de la taille, pour passer les mains. (Voir ill. n° 19.)

425. mackinaw, n.m.
mackinaw coat,
mackinaw

Canadianisme désignant une veste-chemise de chasseur ou de bûcheron confectionnée dans un épais tissu laineux à grands carreaux, où le noir s'oppose à une couleur vive, souvent le rouge. (Voir ill. n° 113.)

REM. Originaire des États-Unis, ce vêtement doit son nom à la ville de Mackinaw, au Michigan, où le gouvernement américain, autrefois, distribuait aux Indiens des couvertures appelées *mackinaw blanket.*

426. **maille filée,** n.f.	Synonyme d'**échelle** (voir ce terme).

427. **maillot,** n.m.

Terme s'appliquant à différents vêtements en maille, souples et moulants, qui peuvent se porter directement sur la peau; il désigne plus spécialement:

leotard, body suit, tights

1° Un vêtement d'une seule pièce qui recouvre tout le corps du cou jusqu'aux pieds, généralement à manches longues. Il se porte surtout pour l'acrobatie et la danse. En ce dernier cas, on l'appelle plus particulièrement **maillot académique.**

maillot, leotard, tights; body suit, body sweater (maillot mode)

2° Un vêtement moulant, avec ou sans manches, qui couvre le haut du corps, se termine par une patte d'entrejambe et s'accompagne habituellement d'un collant (voir **maillot** 3°). On peut aussi le porter avec une jupe ou un pantalon. En ce cas, il est souvent fait de tricot à côtes et pourvu d'un col roulé ainsi que de manches longues.

tights

3° Un long caleçon collant pourvu ou non de pieds qui se porte pour les sports, la gymnastique, le ballet.

Syn.: **collant.**

vest

4° Un petit tricot à manches courtes ou sans manches, à encolure ras du cou, moulant le torse. Ex.: maillot de cycliste.

undershirt, athletic shirt

5° Un sous-vêtement couvrant le torse (voir **maillot de corps**).

bathing suit, swimsuit

6° Un costume de natation (voir **maillot de bain**).

swaddling-clothes

7° Un lange dont on emmaillotait les nourrissons.

428. **maillot académique,** n.m.

Voir **maillot** 1°.

429. **maillot de bain,** n.m.
bathing suit, swimsuit

Costume de bain moulant, presque toujours extensible. Le maillot de bain de femme peut être d'une seule pièce ou composé d'une culotte et d'un soutiengorge. Celui de l'homme se réduit à un caleçon court et s'appelle particulièrement **caleçon de bain** (voir ce terme), ou **slip** (voir ce terme 2°) de bain, selon qu'il est plus ou moins abrégé.

430. **maillot de corps,** n.m.

Synonyme de **gilet de corps** (voir ce terme) et de **gilet de peau.**

431. **manche,** n.f.
sleeve

1° Partie du vêtement qui recouvre le bras et dont la forme et la longueur varient.

2° Synonyme de **manchette** (voir ce terme 3°) et de **fausse manche.**

432. manche de gigot, n.f.

Voir **manche gigot.**

433. manche à même, n.f.
unmounted sleeve

Manche faisant corps avec la partie supérieure d'un vêtement. S'oppose à **manche montée.** Ex.: La manche kimono est une manche à même. (Voir ill. n° 178.)

434. manche ballon, n.f.
(pl. manches ballon)
short puff(ed) sleeve

Manche très courte, d'une certaine ampleur, dont l'aspect gonflé est obtenu par des fronces à l'emmanchure et au bas. Elle est généralement bordée d'un étroit poignet qu'on nomme bracelet. (Voir ill. n° 190.)

435. manche bouffante,
n.f.
puff(ed) sleeve;
bishop sleeve,
bag-sleeve (longue)

Manche ample et gonflante, de longueur variable, froncée au poignet et souvent aussi à l'emmanchure. Le poignet peut être un simple ourlet dissimulant une bande élastique. (Voir ill. n° 186.)

**436. manche chauve-
souris,** n.f.
dolman sleeve,
batwing sleeve

Manche à large emmanchure descendant presque jusqu'à la taille. Elle se rétrécit graduellement jusqu'au poignet. Elle peut être montée ou à même. (Voir ill. n° 185.)

437. manche chemisier,
n.f. (pl. manches
chemisier)
shirt sleeve

Manche d'une seule pièce, assez ample, légèrement froncée dans le bas et se terminant par un poignet mousquetaire. Comme la manche de la chemise, elle est souvent munie d'une fente à patte capucin. (Voir ill. n° 102.)

438. manche collante, n.f.
fitted sleeve,
tight sleeve

Manche d'une seule pièce, qui gaine étroitement le bras et est coudée par des pinces ou des fronces à la saignée.

439. manche gigot, n.f.
(pl. manches gigot)
leg-of-mutton
sleeve

Manche ample et bouffante à sa partie supérieure et très ajustée du coude au poignet. (Voir ill. n° 187.)

REM. On dit aussi **manche à gigot.**

440. manche kimono, n.f.
(pl. manches
kimono)
kimono sleeve

Manche très ample inspirée de celle du kimono japonais. Elle n'est pas rapportée et ne comporte donc pas de couture d'emmanchure. (Voir ill. n° 184.)

441. manche marteau, n.f.
(pl. manches

Manche dont la tête se prolonge en forme de patte d'épaule et rejoint l'encolure. On la retrouve surtout

marteau)
epaulet sleeve,
saddle shoulder

dans les pulls. (Voir ill. n° 188.)

442. **manche montée,** n.f.
set-in-sleeve

Manche coupée séparément du vêtement et cousue à l'emmanchure. S'oppose à **manche à même.** (Voir ill. n° 193.)

443. **manche pagode,** n.f.
(pl. manches pagode)
pagoda sleeve

Manche qui s'évase graduellement du coude au poignet. La partie évasée peut être formée d'un volant. (Voir ill. n° 192.)

444. **manches raglan,** n.f.
raglan sleeve

Manche caractéristique du raglan. Elle est droite, emboîte entièrement l'épaule et se prolonge devant et derrière sur le vêtement auquel elle est fixée par une couture oblique qui va du creux de l'emmanchure jusqu'à l'encolure, plus ou moins près de la ligne d'épaule. (Voir ill. n° 14.)

REM. L'emmanchure sur laquelle on monte la manche raglan est en somme une **emmanchure américaine** (voir ce terme).

445. **mancheron,** n.m.
cap sleeve,
tiny sleeve

Petite manche très courte qui moule la rondeur de l'épaule et tombe droit ou s'évase sur le haut du bras. (Voir ill. n° 189.)

446. **manche tailleur,** n.f.
(pl. manches tailleur)
tailored sleeve

Manche longue composée de deux morceaux coupés de manière à épouser la forme arquée du bras.

447. **manche trois-quarts,** n.f.
three-quarter sleeve

Manche qui couvre partiellement l'avant-bras.

448. **manchette,** n.f.

1° Synonyme de **poignet mousquetaire** (voir ce terme).

cuff

2° Faux poignet amidonné qui s'adapte à l'extrémité d'une manche de chemise et qui dépasse légèrement de la manche de l'habit, seul vêtement avec lequel ce genre de manchette se porte de nos jours.

oversleeve

3° Demi-manche amovible destinée à protéger le bas d'une manche. Ex.: manchette de lustrine.

Syn.: **fausse manche, manche.**

ruffled cuff

4° Ornement fixé par des fronces au bas d'une manche, et qui est fait de dentelle, de mousseline ou d'une autre matière légère ou vaporeuse.

cuff	5° Large bande ajoutée au gant au niveau du poignet. Plus ou moins évasée, elle est de matière variable et comporte souvent des ornements, des broderies, etc.
449. **manchette mousquetaire,** n.f. (pl. manchettes mousquetaire ou mousquetaires) *musketeer cuff*	Manchette de gant, large et montante, assez rigide ou matelassée pour protéger le poignet, et comportant ou non une fermeture. Ex.: gants de sport (de moto, de ski, etc.) à manchettes mousquetaires. **REM.** Ne pas confondre manchette mousquetaire et **poignet mousquetaire** (voir ce terme).
450. **mante,** n.f. *cloak, mantle*	Sorte de manteau ample et enveloppant, sans manches ni emmanchures, avec fermeture au cou, qui est porté par les femmes, et plus particulièrement par les religieuses.
451. **manteau,** n.m. *coat, cloak, wrap*	Vêtement d'extérieur généralement pourvu de manches et qui descend au moins jusqu'aux cuisses. Il se ferme devant de différentes manières lorsqu'il est destiné à protéger contre le froid ou le mauvais temps; il peut être dépourvu de fermeture, quand il sert surtout à compléter une toilette.
452. **manteau de pluie,** n.m. *raincoat*	Manteau qui protège contre la pluie et qui est plus habillé que l'imperméable.
453. **mantelet,** n.m. *mantlet, mantelet*	Petite cape dont les femmes se couvrent les épaules et les bras.
454. **mantille,** n.f. *mantilla*	1° Sorte de grand fichu de dentelle, de tulle brodé ou de soie, généralement noir, dont les femmes espagnoles se couvrent la tête et les épaules.
mantilla	2° Par analogie, toute coiffure féminine imitée de la mantille espagnole.
455. **marinière,** n.f. *middy blouse, sailor blouse*	Blouse unisexe, plus ou moins loin du corps, qui s'enfile par la tête et dont l'encolure est échancrée en V devant. Elle comporte souvent un col marin et tombe droit sur la jupe ou le pantalon, un peu plus bas que la taille.
456. **marmotte,** n.f. *kerchief*	Fichu que les femmes portent en guise de coiffure. Formé d'un triangle ou d'un carré plié en triangle, il enveloppe la tête et ses pointes se nouent au-dessus du front. (Voir ill. n° 248.)

457. martingale, n.f.
back belt, half belt,
martingale

Longue patte ornant le dos d'un vêtement. Ses extrémités sont fixées par des boutons ou prises dans les coutures latérales du vêtement. Généralement de même matière que celui-ci, elle est destinée à en marquer la taille ou en retenir l'ampleur. (Voir ill. n° 205.)

back belt, half belt,
martingale

2° Demi-ceinture formée d'un ensemble de deux pattes retenues dans les coutures latérales du vêtement et se boutonnant l'une sur l'autre au milieu du dos, ou s'ajustant au moyen d'une boucle. (Voir ill. n° 202.)

458. maxi(-), préfixe
maxi-

Préfixe qui se joint au nom d'un vêtement (avec ou sans trait d'union) pour indiquer qu'il tombe au moins jusqu'au bas du mollet et le plus souvent à la cheville. S'oppose à **mini(-)**. Ex.: un maxi(-) manteau, une maxi(-)robe.

459. maxi, n.m.
maxi

1° Désigne la longueur des vêtements qui descendent au moins jusqu'au bas du mollet et le plus souvent à la cheville. Ex.: Le maxi est une longueur peu adaptée aux exigences de la vie moderne.

maxi

2° Désigne la mode des vêtement de cette longueur. Ex.: Le maxi est apparu au cours de l'hiver 1969.

REM. Ce mot s'emploie aussi comme adjectif invariable. Ex.: des jupes maxi.

460. melon, n.m.
derby, bowler hat

1° Chapeau demi-habillé de feutre rigide, à calotte en forme de dôme et à bord étroit roulé, porté par les hommes. Le melon est généralement noir. De couleur grise, il est plus habillé et réservé à certaines occasions. (Voir ill. n° 20.)

derby, bowler hat

2° Chapeau de femme imitant le melon d'homme.

REM. On dit aussi **chapeau melon.**

Syn.: **chapeau rond.**

461. mentonnière, n.f.

1° Syn. de **jugulaire** (voir ce terme).

chinpiece

2° Plus spécialt Dans certaines jugulaires, partie destinée à protéger le menton. Ex.: mentonnière amovible de la jugulaire d'un casque de motocycliste.

462. mesure, n.f.
measurement

Chacune des dimensions d'un vêtement, d'une partie du corps.

463. mi-bas, n.m. invar.
golf hose,
knee-high stocking

Sorte de chaussette sport s'arrêtant au-dessous du genou et qui est retenue dans le haut par un bord-côte élastique. (Voir ill. n° 225.)

REM. On dit aussi, mais moins souvent, **demi-bas.**

Formes fautives:
a) bas golf, calque de l'anglais *golf hose;*
b) bas au genou.

464. mi-chaussette, n.f.
sock

Chaussette courte, légèrement plus longue que la socquette, mais ne montant pas plus haut que le mi-mollet. (Voir ill. n° 227.)

REM. Il est à noter que, très souvent, la distinction entre la mi-chaussette et la socquette est difficilement perceptible.

465. midi, n.m.
midi

1° Désigne la longueur d'un vêtement qui descend plus ou moins à mi-mollet. Ex.: Le midi est la nouvelle longueur préconisée par les couturiers.

midi

2° Désigne la mode des vêtements de cette longueur. Ex.: Le midi est une mode qui n'a pas beaucoup de succès.

REM. Ce mot s'emploie aussi comme adjectif invariable. Ex.: une robe midi.

466. mini(-), préfixe
mini

Préfixe qui se joint au nom d'un vêtement (souvent avec un trait d'union) pour indiquer qu'il est très court. S'oppose à **maxi (-).** Ex.: mini (-) jupe, mini (-) robe, mini (-) manteau, mini (-) pull.

467. mini, n.m.
mini

1° Désigne la longueur très réduite d'un vêtement. Ex.: Le mini est une longueur qui convient aux très jeunes femmes.

mini

2° Désigne la mode des vêtements très courts. Ex.: Le mini est une mode qui s'est beaucoup portée.

REM. Ce mot s'emploie aussi comme adjectif invariable. Ex.: Une robe mini.

468. mise, n.f.
attire, garb

Manière dont on est habillé. Ex.: Avoir une mise élégante.

469. mitaine, n.f.
mitt, mitten

Gant de femme qui laisse à nu les deux dernières phalanges des doigts. Généralement long ou mi-long, très ajusté au bras, il est souvent exécuté dans une matière somptueuse (soie, dentelle, fine peausserie) pour être porté avec la tenue de soirée. Comme il laisse les doigts libres, on ne le retire pas dans les circonstances habillées. Il existe aussi des mitaines pour le sport (ex.: voile, cyclisme) ou la conduite. (Voir ill. n° 233.)

470. **modestie,** n.f.
modesty, dickey, dicky

Pièce d'étoffe plus ou moins légère, amovible ou non, insérée dans l'échancrure d'un corsage pour orner ou voiler un décolleté accentué. (Voir ill. n° 244.)

Forme fautive:
fale, qui est dialectal.

471. **monokini,** n.m.
monokini

Petite culotte de bain que les femmes portent le torse nu.

472. **mouchoir,** n.m.
kerchief (de tête);
neckerchief (de cou)

Carré d'étoffe de fantaisie servant à couvrir la tête ou le cou.

Forme fautive:
écharpe (voir ce terme).

473. **moufle,** n.f.
mitten

Gros gant de cuir, de laine ou de fourrure qui recouvre entièrement la main, enveloppant les quatre doigts ensemble et le pouce séparément, de manière à offrir une plus grande protection que le gant contre le froid, tout en permettant à la main de saisir des objets. On porte les moufles surtout pour le sport et pour certains travaux pénibles. (Voir ill. n° 235.)

REM. Il existe aussi pour les petits enfants des moufles reliées entre elles par un cordon (pour éviter qu'ils ne les perdent) que l'on passe sur la nuque et à l'intérieur des manches du vêtement de dessus. On met aussi des petites moufles sans pouce aux nouveau-nés pour les empêcher de s'égratigner le visage.

Forme fautive:
mitaine (terme vieilli).

N

474. **négligé,** n.m.
negligee, morning wrap, wrapper

Léger vêtement féminin d'intérieur qui se porte surtout le matin. Il peut s'apparenter au déshabillé tout en étant moins luxueux que ce dernier et en ne faisant généralement pas partie d'un ensemble de nuit.

475. **nervure,** n.f.
pin-tuck, tuck

Pli très fin et dressé, exécuté à la main ou à la machine. Il forme, souvent groupé avec d'autres, un relief décoratif en ligne droite ou courbe.

476. nid d'ange, n.m.
(pl. nids d'ange)
bunting bag

Sorte de burnous (voir ce terme 1°) de nourrisson, qui forme sac et comporte ou non des manches. (Voir ill. n° 171.)

REM. Le nid d'ange sans manches peut être aussi appelé **burnous.**

477. nids d'abeilles,
n.m. pl.
honeycomb stitch smocking

Motif décoratif s'apparentant aux smocks par son aspect et son emploi. Il est formé d'une série de petites fronces réunies deux par deux, à intervalles réguliers, en alternant d'un rang de fronces à l'autre, de façon à former de petites alvéoles en forme de losange.

478. noeud papillon, n.m.
(pl. noeuds papillon)
bow-tie

Sorte de cravate qui consiste essentiellement en un noeud, permanent ou non, dont la forme s'apparente à celle d'un papillon. (Voir ill. n°s 55 et 63.)

479. nuage, n.m.
cloud, muffler

Terme québécois désignant un long cache-nez léger, de laine tricotée, que les jeunes enfants portent l'hiver, par-dessus leur coiffure. Il est enroulé autour du cou et de la tête de façon à ne laisser que les yeux découverts, et se noue par derrière.

480. nuisette, n.f.
baby doll, dorm set

Ensemble de nuit pour femmes qui comprend une chemise s'arrêtant au haut des cuisses assortie d'une petite culotte.

REM. Le mot nuisette est un équivalent approximatif de *baby doll.*

O

481. oeillet, n.m.
eyelet

Petit trou pratiqué dans un vêtement, une chaussure, etc., consolidé par un point de boutonnière ou par un cercle de métal rivé (appelé aussi oeillet), et dans lequel on passe un lacet, un cordon ou parfois une queue de bouton.

482. oreillette, n.f.

Synonyme d'**oreillon** (voir ce terme) et de **patte cache-oreille.**

483. oreillon, n.m.
ear-flap

Chacune des pattes latérales d'un chapeau (casque, toque, casquette) destinées à recouvrir et protéger les oreilles. Ex.: oreillons en cuir d'un casque de motocycliste.

Syn.: **oreillette, patte cache-oreille.**

P

484. paille, n.m.
straw hat

S'emploie absolument pour chapeau de paille, et désigne une coiffure d'été, un chapeau de soleil pour homme ou femme.

REM. **Une paille** ne se dit que des chapeaux de femme.

485. paletot, n.m.
overcoat, topcoat

Manteau loin ou près du corps, fait d'étoffe de bonne tenue, de fourrure ou de cuir, moins long que le pardessus, avec boutonnage au milieu du devant et poches extérieures.

Dans sa version féminine, le style du paletot varie davantage, selon la mode. Il est plus court que le vêtement qu'il recouvre (sauf quand il s'agit d'une mini-jupe), et peut former avec lui un ensemble. (Voir ill. n°s 1 et 4.)

486. paletot d'auto, n.m.
car coat

Paletot trois-quarts ou sept-huitièmes, de style simple et plutôt sport, dont la forme dépend de la mode du moment. À la fois chaud et léger, souvent imperméabilisé, il est conçu pour assurer le confort de l'automobiliste.

Formes fautives:
a) autocoat ou auto-coat: anglicisme très répandu dans la publicité française;
b) car coat: anglicisme québécois.

487. pampille, n.f.
tassel

Petite pièce ornementale frangée ayant la forme d'un gland, fixée sur un vêtement ou à chaque bout d'un lacet, d'un cordon.

488. pan, n.m.
tail, shirt-tail
(de chemise);
floating panel
(de jupe)

Prolongement d'un vêtement ou pièce tombante qu'on laisse flotter librement. Les pans de certains hauts peuvent se glisser à l'intérieur du pantalon ou de la jupe. Ex.: pan d'une chemise, d'une liquette (voir ill. n° 103); jupe longue découpée en pans flottants.

Forme fautive:
l'expression *en queue de chemise* (voir queue) s'appliquant à une personne en petite tenue. L'expression correcte est *en pan de chemise.*

489. panama, n.m.
panama hat

1° Chapeau d'été fabriqué avec la feuille d'un latanier d'Amérique. De couleur ivoire, il se caractérise par sa souplesse et sa légèreté. Sa calotte fendue (c'est-à-dire comportant un renfoncement longitudinal) est ceinturée d'un gros-grain noir. Son bord est de largeur uniforme et se porte généralement relevé à l'arrière.

panama hat

2° Par ext. Chapeau de paille de même forme.

490. **panneau,** n.m.
panel, gore

1° Partie d'un vêtement comprise entre deux découpes verticales. Ex.: jupe à quatre panneaux.

Syn.: **lé**

drop seat

2° Partie arrière boutonnée d'une combinaison de nuit, qui se rabat pour permettre de langer facilement l'enfant.

Forme fautive:
panneau au sens de plastron d'une gaine (voir plastron 5°).

491. **pantacourt,** n.m.
gauchos

Pantalon large, droit ou évasé, qui s'arrête au mollet. Il est porté par les deux sexes. (Voir ill. n° 124.)

492. **pantailleur,** n.m.
pantsuit

Tailleur dans lequel la jupe est remplacée par un pantalon.

Syn.: **tailleur-pantalon.**

493. **pantalon,** n.m.
trousers, pants, slacks

Vêtement de dessus réservé autrefois aux hommes mais porté aujourd'hui aussi bien par les femmes. Il couvre le corps à partir de la taille ou des hanches jusqu'aux pieds, en habillant les deux jambes séparément. (Voir ill. n° 50.)

Formes fautives:
a) pantalon employé au pluriel pour désigner un seul article. C'est commettre un anglicisme que de dire: «J'ai mis *mes* pantalons;»
b) une paire de pantalons (anglicisme);
c) pantalon long (expression pléonastique).

494. **pantalon à pattes d'éléphant,** n.m.
bell bottoms

Pantalon dont le haut est moulant et qui s'évase du genou à la cheville.

495. **pantalon corsaire,** n.m. (pl. pantalons corsaire)
pedal pushers

Pantalon collant qui s'arrête à mi-mollet et que les femmes portent l'été pour le sport. Il est fendu à partir du genou, sur le côté extérieur de la jambe où il peut se fermer de diverses façons, notamment par un laçage. (Voir ill. n° 127.)

496. **pantalon de golf,** n.m.

Voir **pantalon golf.**

497. **pantalon fuseau,** n.m. (pl. pantalons fuseaux)

Voir **fuseau.**

498. pantalon (de) golf, n.m.
knickerbockers

Synonyme de **knickerbockers** (voir ce terme) et de **culotte (de) golf.**

499. pantalon-jupe, n.m.
palazzo-pants

Pantalon qui moule les hanches et auquel l'ampleur des jambes donne l'apparence d'une jupe longue. (Voir ill. n° 126.)

500. pantalon pattes d'éléphant, n.m.

Voir **pantalon à pattes d'éléphant.**

501. pantaski, n.m.
ski pants

Pantalon de ski de coupe droite ou évasée, muni à l'intérieur de chevilles pare-neige (angl.: *snow-cuff*).

502. pardessus, n.m.
overcoat, topcoat

Manteau d'homme en tissu épais, en fourrure ou en cuir, qui descend généralement au-dessous du genou. Ex.: pardessus d'hiver, de demi-saison. (Voir ill. n° 6.)

REM. Par analogie, le terme pardessus désigne parfois un chaud manteau de femme assez long, de style masculin.

Forme fautive:
capot.

503. parement, n.m.
cuff

1° Revers de manche, orné ou non, que l'on trouve surtout sur les jaquettes de femmes, les robes et les manteaux. (Voir ill. n° 139.)

Syn.: **revers** (de manche).

REM. Contrairement au poignet mousquetaire (voir ce terme), le parement rapporté se replie sur la manche et non sur lui-même.

facing

2° Pièce de soie, de taffetas, de fourrure ou d'autre matière riche, qui recouvre et orne les revers des devants de certains vêtements. Ex.: parements de soie d'un habit; parements de fourrure d'un tailleur. (Voir ill. n° 56.)

504. parementure ou **parmenture,** n.f.
facing

Pièce intérieure d'un vêtement en bordure de l'encolure, des entournures d'un vêtement sans manches, des devants ou des poches, destinée à les finir, les renforcer ou les orner. Elle peut être rapportée ou à même. Dans ce dernier cas, elle est constituée d'un simple repli du vêtement sur lui-même. Lorsqu'elle est rapportée, la parementure des devants est souvent de matière différente ou de couleur contrastante et peut se replier vers l'extérieur pour former revers.

505. paréo, n.m.
(pl. paréos)
pareo, pareu, sarong

Sorte de robe ou de jupe de plage inspirée du paréo tahitien. C'est un vêtement sommaire, de longueur variable, constitué d'une pièce de cotonnade imprimée qui se drape au-dessus du buste, à la taille, etc., de différentes façons. (Voir ill. n° 123.)

506. parka, n.m. ou f.
parka

Sorte de paletot de sport, de ligne droite, fait de matière imperméable et pouvant être fourré. Il est généralement surmonté d'un capuchon bordé ou non de fourrure et comporte de grandes poches ainsi qu'une fermeture à glissière souvent dissimulée sous une patte à boutons-pression. (Voir ill. n° 34.)

Forme fautive:
parka employé pour anorak (voir ce terme).

507. parmenture

Voir **parementure.**

508. passant, n.m.
keeper

1° Anneau plat de cuir, de métal ou d'étoffe placé autour d'une ceinture pour en maintenir l'extrémité qui dépasse la boucle. (Voir ill. n° 213.)

belt loop, carrier

2° Chacune des brides d'étoffe ou de cordonnet que l'on fixe verticalement sur un vêtement et dans lesquelles on glisse la ceinture pour la maintenir en place. Ex.: passant tunnel. (Voir ill. n° 12.)

Forme fautive:
ganse.

509. passe, n.f.
brim

Terme technique désignant le bord d'un chapeau féminin. Sa forme et ses dimensions sont extrêmement variables.

510. passe-bras, n.m.
arm slit

Fente latérale pratiquée dans une cape, ou un autre vêtement du même genre, par où l'on passe le bras pour lui permettre une certaine liberté de mouvement. (Voir ill. n° 26.)

511. passe-montagne,
n.m. (pl. passe-montagnes)
balaclava helmet

Sorte de bonnet de tricot, ou d'autre matière souple et chaude, qui enveloppe complètement la tête et le cou et comporte une ouverture pour le visage.

Souvent transformable, il est pourvu en ce cas d'une petite visière au-dessus de laquelle on peut le remonter en le repliant autour de la tête. Cette coiffure se porte surtout pour le sport. (Voir ill. n°s 255 et 256.)

512. passepoil, n.m.
piping, edging

Bande d'étoffe extrêmement étroite, prise dans une couture et formant dépassant entre deux épaisseurs de tissu. Elle sert à garnir ou à renforcer et on la trouve particulièrement en bordure de la fente d'une poche ou d'une boutonnière.

513. patte, n.f.
tab, strap; placket
(d'une fente); *welt*
(d'une poche);
crotch piece
(d'entrejambe)

Étroite bande d'étoffe ou de toute autre matière, utilisée pour garnir, boutonner, resserrer, joindre des parties de vêtements, border une fente ou pour dissimuler un système de fermeture. Ex.: poche à patte raglan; patte d'épaule; patte polo; patte de serrage d'une manche; patte d'entrejambe détachable d'un corsage-culotte (voir ill. n° 91); patte capucin; fermeture sous patte. (Angl.: *fly front closing*).

Formes fautives:
a) patte au sens de pied (voir ce terme);
b) patte au sens de chausson de bébé (voir chausson 1°).

514. patte (de serrage ou
de réglage), n.f.
*leg tab, adjustable
sleeve tab, sleeve
tightener*

Patte qui a pour fonction de réduire l'ampleur d'une manche ou d'ajuster un pantalon à la jambe. Elle est posée horizontalement au bas de la manche, ou du pantalon qu'elle borde parfois, et s'adapte au moyen d'un système de boutons et de boutonnières, ou par une boucle fixée à une autre patte. Ex.: pattes de serrage des manches d'un trench-coat; pattes de réglage des jambes d'une combinaison de travail ou d'un knickerbocker. (Voir ill. n° 11.)

REM. Comparer avec **tirant de réglage.**

515. patte cache-oreille,
n.f. (pl. pattes
cache-oreille)

Synonyme d'**oreillon** (voir ce terme) et d'**oreillette.**

516. patte capucin, n.f.
(pl. pattes capucin)
pointed tab end

Patte terminée par un capucin à l'une de ses extrémités. Ex.: patte capucin d'une manche chemisier. (Voir ill. n° 195.)

**517. patte de
boutonnage,** n.f.
tab closing

buttoned placket

1° Patte servant à boutonner un vêtement ou une partie de vêtement.

2° Plus spécialt Étroite bande de tissu généralement droit fil qui borde l'ouverture d'un vêtement, et dans laquelle sont coupées les boutonnières. (Voir ill. n° 37.)

518. patte d'épaule, n.f.
*epaulet, epaulette,
shoulder tab*

Patte posée sur la partie du vêtement qui couvre l'épaule. L'extrémité libre est boutonnée soit près du col (ou en son absence près de l'encolure), soit près de l'emmanchure. Ex.: patte d'épaule d'une chemise. (Voir ill. n° 9.)

519. patte polo, n.f.
buttoned placket

Courte patte de boutonnage placée en bordure de la fente de l'encolure sur le devant du polo et qui tire son nom de ce vêtement. (Voir ill. n° 98.)

520. patte sous-pied, n.f.
(pl. pattes
sous-pied)

Voir **sous-pied.**

521. paume, n.f.

Synonyme d'**empaumure** (voir ce terme).

522. peignoir, n.m.
peignoir, bathrobe

1° Sortie de bain plutôt longue, croisée et ceinturée comme un kimono, et qui comporte une ou plusieurs poches plaquées.

robe, gown

2° Vêtement analogue dont on s'enveloppe, dans la la pratique de certains sports, avant et après l'épreuve ou le match.

*duster, peignoir,
morning wrapper*

3° Sorte de robe de chambre, généralement légère, que les femmes portent en négligé à la maison. Elle peut être de forme vague, simple ou ornée, de longueur moyenne et se boutonner devant. Elle peut aussi adopter le style du peignoir de bain classique. (Voir ill. n° 133.)

peignoir

4° Ample et léger vêtement de protection à manches dont les femmes se couvrent au salon de coiffure, à l'institut de beauté ou quand elles se peignent.

523. pèlerine, n.f.
cape, mantle

1° Synonyme de **cape** (voir ce terme), et plus particulièrement de cape en forme s'arrêtant aux hanches.

cape (pour homme
et femme); *pelerine*
(pour femme)

2° Collet retombant sur les épaules et la poitrine, porté par les femmes, ou par les deux sexes quand il orne un manteau ou une cape. (Voir ill. n° 22.)

Forme fautive:
collerette (voir ce terme).

hooded cape

3° Ample vêtement d'extérieur plus long que le précédent, à capuchon, sans manches ni emmanchures, en tissu imperméable, dont on se sert surtout pour se protéger de la pluie.

524. pelisse, n.f.
*pelisse, fur-lined
coat*

Sorte de manteau garni ou, plus spécialement, doublé de fourrure.

525. piécette, n.f.
gusset

Chacune des petites pièces de peausserie cousues à la rencontre des fourchettes et à la base du pouce d'un gant. Elles font office de soufflets.

Syn.: **carabin.**

526. pied, n.m.
foot

Partie d'un bas, d'un pyjama, d'une combinaison ou d'une culotte qui recouvre le pied. (Voir ill. n° 170.) Ex.: ensemble de laine tricotée pour bébé, comprenant une brassière et une culotte à pieds.

REM. Marcher en (ou à) pieds de bas (c'est-à-dire sans chaussures) est une expression populaire.

Forme fautive:
patte (voir ce terme) employé au lieu de pied dans les expressions pyjama à pattes, combinaison à pattes.

527. pied de col, n.m.
(pl. pieds de col)
bottom of collar

1° Partie intermédiaire entre l'encolure et le tombant, rapportée ou non, qui donne de la tenue au col et le fait remonter plus ou moins le long du cou. (Voir ill. n° 101.)

collar stand

2° Étroite bande de tissu cousue à l'encolure d'une chemise. Elle est pourvue de boutonnières et sert à maintenir le faux-col.

528. plastron, n.m.
shirt-front, dickey, dicky, bosom

1° Devant de chemise de gala, fixe ou amovible, souvent amidonné ou qui peut être orné de volants et de plis.

dickey, dicky

2° Pièce de l'habillement féminin s'apparentant à la précédente et destinée à tenir lieu de corsage ou de chemisier sous la veste tailleur ou sous un vêtement décolleté.

bib, bosom

3° Pièce décorative en forme de bavoir cousue sur le devant d'un corsage.

dickey, dicky

4° Pièce de tricot à col roulé couvrant la poitrine et le dos entre les deux entournures du vêtement sous lequel il est porté.

panel

5° Renfort abdominal intercalé au centre d'une gaine ou autre vêtement du même genre, pour effacer le ventre. (Voir ill. n° 150.)

Forme fautive:
panneau (voir ce terme).

529. pli, n.m.
pleat

1° Chacune des ondulations produites par la tombée d'une étoffe souple. Ex.: les plis d'une robe drapée.

pleat

2° Double formé dans le tissu d'un vêtement en le repliant sur lui-même. Il peut être piqué partiellement ou entièrement, ou retenu à l'une de ses extrémités (et parfois aux deux) dans une couture transversale. Ex.: plis d'une jupe; plis d'une ceinture de smoking; pli d'une poche soufflet de saharienne.

crease

3° Marque formée sur un pantalon à l'endroit de la pliure faite par le repassage.

4° Synonyme de **faux pli** (voir ce terme). Ex.: Ce corsage fait des plis aux emmanchures.

530. **pli couché,** n.m.

Synonyme de **pli plat** (voir ce terme).

531. **pli creux,** n.m.
box pleat,
inverted pleat

Pli formé par la rencontre bord à bord et sur l'endroit du vêtement de deux pliures qui forment entre elles un creux. (Voir ill. n° 218.)

532. **pli d'aisance,** n.m.
walking pleat,
kick pleat

Pli creux ou plat que l'on exécute dans le bas de la partie arrière d'une jupe étroite, pour faciliter la marche.

Forme fautive:
pli de marche (anglicisme).

533. **pli plat,** n.m.
knife pleat

Pli formé par une simple pliure verticale orientée dans un sens ou dans l'autre. Quand il fait partie d'une série, le pli plat est couché vers la gauche en harmonie avec le sens du boutonnage des vêtements de dame. (Voir ill. n° 221.)

Syn.: **pli couché.**

534. **pli religieuse,** n.m.
(pl. plis religieuse)
horizontal tuck,
blind tuck

Pli effectué à l'horizontale et qui se superpose à d'autres, de sorte que la piqûre de chaque pli se trouve généralement cachée par le pli qui précède.

535. **pli rond,** n.m.
box pleat,
inverted pleat

Pli formé par deux plis couchés en sens contraire. (Voir ill. n° 219.)

REM. Ne pas confondre avec le pli plat ni avec le pli non repassé.

536. **plissé,** n.m.
pleating

Ensemble ou disposition des plis d'un vêtement.

537. **plissé, e,** adj.
pleated

Se dit d'un vêtement qui comporte un arrangement de plis. Ex.: une jupe plissée accordéon.

REM. On peut aussi employer l'expression *à plis* pour désigner un vêtement plissé.

538. **plissé accordéon,**
n.m.
accordion pleats

Série de plis debout, étroits et de largeur uniforme, exécutés dans le droit fil du tissu. (Voir ill. n° 222.)

Forme fautive:
(jupe) craquée.

539. **plissé éventail,** n.m.
(pl. plissés éventail)

Synonyme de **plissé soleil** (voir ce terme).

540. plissé soleil, n.m. (pl. plissés soleil) *sunray pleats, sunburst pleats, fan pleats*

Série de plis couchés ou dressés, exécutés dans une jupe de coupe circulaire. Très fins dans le haut, ils vont s'élargissant légèrement vers le bas. Ex.: jupe à plissé soleil ou plissée soleil. (Voir ill. n° 220.)

Syn.: **plissé éventail.**

Forme fautive:
(jupe) craquée.

541. poche, n.f. *pocket*

1° Partie de vêtement formant contenant. Elle est constituée d'une pièce appliquée sur l'extérieur du vêtement, ou encore d'un sac d'étoffe souple ordinairement non apparent, auquel on a accès par l'extérieur ou l'intérieur du vêtement. La poche peut se fermer par un rabat, une patte boutonnée, une glissière, etc.

REM. La poche appliquée contient quelquefois un sac de poche.

bag, pucker

2° Déformation due à l'usure d'un vêtement ou ampleur disgracieuse de certaines parties d'un vêtement, due à un défaut de coupe. Ex.: Ce pantalon fait des poches aux genoux.

542. poche à fente, n.f.

Voir **poche fente.**

543. poche à patte, n.f. (pl. poches à patte)

Synonyme de **poche gilet** (voir ce terme).

544. poche à patte raglan, n.f. (pl. poches à patte raglan)

Synonyme de **poche raglan** (voir ce terme).

545. poche à pli, n.f. (pl. poches à pli)

Synonyme de **poche soufflet** (voir ce terme 2°).

546. poche appliquée, n.f. *patch pocket*

Poche plate ou à soufflets, de forme et de dimensions variables, constituée d'une pièce d'étoffe fixée sur la face apparente du vêtement. Elle peut se fermer par un rabat, une patte boutonnée, ou comporter un revers. (Voir ill. n° 3.)

Syn.: **poche plaquée.**

REM. Dans certains cas, la poche appliquée peut comporter un sac de poche.

547. poche à rabat, n.f. *flap pocket*

Voir **rabat** 1° et ill. n° 33.

548. poche à soufflets, n.f.

Voir **poche soufflet** 1°.

549. poche cavalière, n.f.
front top pocket,
scoop pocket,
western pocket

Poche avant du pantalon, coupée ou formant découpe (voir **poche prise dans une découpe**), et qui est le plus souvent oblique ou incurvée. (Voir ill. n° 129.)

550. poche côté, n.f.
(pl. poches côté)
side pocket

1° Poche latérale du pantalon, au niveau des hanches, qui peut être prise dans la couture de côté (angl.: *outseam*), ou coupée à proximité de celle-ci parallèlement ou légèrement en biais.

side pocket

2° Poche latérale d'un veston, qui peut être plaquée ou coupée au niveau des hanches.

REM. On dit aussi **poche de côté** (pl. poches de côté).

551. poche coupée, n.f.
slash pocket

Poche dont l'ouverture est une fente pratiquée dans le vêtement et dont le sac de poche est placé sur le côté non apparent de l'étoffe. Elle peut être horizontale, oblique, verticale ou en forme de croissant. Ex.: La poche passepoilée, la poche gilet, la poche tiroir, sont des variétés de poches coupées.

552. poche décollée, n.f.

Poche appliquée ou prise dans une découpe et qui est conçue de façon à bâiller.

553. poche de côté, n.f.

Voir **poche côté.**

554. poche de poitrine, n.f.

Voir **poche poitrine (extérieure)** et **poche poitrine (intérieure).**

555. poche fente, n.f.
(pl. poches fentes)

Poche dont le sac s'ouvre le long d'une fente qui est pratiquée dans le vêtement ou qui est formée par l'interruption d'une couture ou d'une découpe.

REM. On dit aussi **poche à fente** (pl. poches à fente).

556. poche fessière, n.f.

Synonyme de **poche-revolver** (voir ce terme).

557. poche gilet, n.f.
(pl. poches gilet)
welt pocket

Poche coupée, horizontale ou oblique, dont la partie libre de l'ouverture est bordée d'une patte formant dépassant. Comme son nom l'indique, ce type de poche se retrouve particulièrement sur les gilets. (Voir ill. n° 48.)

Syn.: **poche à patte.**

558. poche gousset, n.f.
(pl. poches gousset)
watch pocket,
fob pocket

1° Petite poche coupée le long de la ceinture du pantalon, entre la braguette et la couture du côté droit.

Syn.: **poche-montre**

watch pocket	2° Petite poche coupée horizontale ou légèrement en biais, placée sur le gilet au niveau de la taille.

Syn.: **poche-montre.**

REM. On dit aussi, en abrégé, **gousset.**

559. poche kangourou, n.f. (pl. poches kangourou)
kangaroo pocket

Poche appliquée au centre d'un vêtement, au niveau de l'abdomen ou un peu plus haut. (Voir ill. n° 83.)

560. poche manchon, n.f. (pl. poches manchon)
hand (-) warmer pouch

Poche plaquée, ouverte verticalement sur ses deux côtés (ou sur un seul), servant à protéger les mains du froid. Elle est appliquée sur le devant d'un vêtement, au centre ou en bordure du boutonnage, à différents niveaux. (Voir ill. n° 214.)

REM. Ne pas confondre la **poche manchon** avec la **poche repose-bras** (voir ce terme).

561. poche-montre, n.f. (pl. poches-montre)

Synonyme de **poche gousset** (voir ce terme).

562. poche passepoilée, n.f.
welt pocket

Poche coupée dont l'ouverture est bordée d'un ou deux passepoils. (Voir ill. n° 217.)

563. poche plaquée, n.f.

Synonyme de **poche appliquée** (voir ce terme).

564. poche poitrine (extérieure), n.f. (pl. poches poitrine)
(outside) breast pocket

Poche de type variable placée au niveau de la poitrine, sur un côté ou au centre du vêtement, et dont l'ouverture est à l'extérieur de ce dernier. (Voir ill. n° 99.)

REM. La poche poitrine centrale se rencontre surtout sur les vêtements de travail (tabliers, salopettes, etc.) et sur les anoraks conformes au modèle initial.

565. poche poitrine (intérieure), n.f. (pl. poches poitrine)
(inside) breast pocket

Poche passepoilée dont l'ouverture se trouve dans la doublure d'une veste ou d'un manteau, à la hauteur de la poitrine. Elle peut servir à mettre le portefeuille.

Syn.: **poche-portefeuille.**

566. poche-portefeuille, n.f. (pl. poches-portefeuille)

Synonyme de **poche poitrine (intérieure)** (voir ce terme).

567. poche prise dans une couture, n.f.

Poche formée dans la couture latérale d'un vêtement et qui a l'aspect d'une fente en raison de l'ouverture donnant accès au sac de poche. Ex.: poches prises

seam pocket, slot pocket, inset pocket	dans les coutures latérales d'un manteau.

|

568. poche prise dans une découpe, n.f.
inset pocket, pocket set into seaming

Poche dont l'ouverture est située le long d'une découpe ou dont le bord à lui seul produit un effet de découpe. (Voir ill. n° 215.)

Forme fautive:
poche insérée.

569. poche raglan, n.f.
(pl. poches raglan)
broad welt side pocket

Poche latérale coupée en biais dont le bord extérieur de l'ouverture est garni d'une large patte. Elle tire son nom du fait qu'on la trouve sur la raglan (voir ce terme), au niveau de la hanche. (Voir ill. n° 16.)

Syn.: **poche à patte raglan.**

570. poche repose-bras, n.f.
hand (-) warmer pocket

1° Chacune des deux poches jumelées coupées verticalement sur le devant d'un vêtement sport, en haut de la taille, dans lesquelles on passe les mains pour les protéger du froid et reposer les bras. Ex.: poches repose-bras d'un caban. (Voir ill. n° 39.)

REM. Ne pas confondre cette poche avec la **poche manchon** (voir ce terme).

two-way patch pocket

2° Ce terme désigne aussi chacune des deux poches appliquées au niveau des hanches, sur certains vêtements de sport, et comportant, en plus de l'ouverture supérieure, une fente latérale faisant repose-bras. Ex.: poche repose-bras d'une veste de chasse.

571. poche-revolver, n.f.
(pl. poches-revolver)
back pocket, back hip pocket

Poche arrière placée entre la ceinture et le début de la jambe du pantalon.

REM. Cette poche s'appelle familièrement **poche fessière.**

572. poche soufflet, n.f.
bellows pocket

1° Poche appliquée dont la partie inférieure ainsi que les côtés sont souples et pliants formant ainsi des soufflets qui donnent de l'expansion à la poche. Ex.: poche soufflet d'une veste de chasseur. (Voir ill. n° 216.)

REM. On dit aussi **poche à soufflets.**

pleated pocket, bellows pocket

2° Poche appliquée dans laquelle l'effet de soufflet est obtenu grâce à un pli rond ou un pli creux au centre de la poche. Ex.: poche soufflet d'une saharienne. (Voir ill. n° 112.)

Syn.: **poche à pli.**

573. poche-ticket, n.f.
(pl. poches-ticket)
ticket pocket

Petite poche placée au-dessus de la poche du côté droit (voir **poche côté** 2°) du veston ou du manteau. On la trouve aussi dans la doublure, à gauche, au niveau de la taille.

574. poche tiroir, n.f.
(pl. poches tiroir)
flap pocket

Poche passepoilée à laquelle est ajouté un rabat. On la nomme poche tiroir parce que le rabat peut être mis à volonté soit au dehors, soit à l'intérieur de la poche. Ex.: poche tiroir d'un veston.

575. pochette, n.f.
pocket handkerchief

1° Petit mouchoir qui orne la poche poitrine d'un veston d'homme ou d'une jaquette de dame. Il est fait de fine lingerie ou confectionné dans le même tissu que la cravate. (Voir ill. n° 64.)

small pocket

2° Petite poche d'un vêtement.

small pocket

3° Spécialt La petite poche située en haut et à gauche dans un veston, et qui est destinée à recevoir le petit mouchoir de fantaisie appelé aussi pochette. (Voir ill. n° 65.)

576. poignard, n.m.
triangular insert

Petite pointe d'étoffe que l'on insère dans certaines parties d'un vêtement pour l'élargir. Ex.: poignard à la fourche d'un pantalon pour conformation obèse.

577. poignet, n.m.
cuff, wrist-band

1° Rebord ou bande rapportée à l'extrémité d'une manche, qu'elle soit longue ou courte.

wrist

2° Bande, souvent de tricot à côtes, qui borde l'entrée d'un gant ou d'une moufle et qui recouvre le poignet.

578. poignet coupe-vent,
n.m.

Voir **coupe-vent.**

579. poignet droit, n.m.
barrel cuff

Poignet non replié dont les extrémités se boutonnent à plat.

Syn.: **poignet simple.**

580. poignet mousquetaire, n.m. (pl. poignets mousquetaire ou mousquetaires)
*French cuff,
double cuff,
gauntlet cuff,
turn back cuff*

Poignet de chemise ou de chemisier formé d'une large bande (constituée d'une double épaisseur de tissu) qui se replie sur elle-même et non sur la manche. Ce type de poignet s'attache bord à bord au moyen de boutons de manchettes. (Voir ill. n° 194.)

Syn.: **manchette.**

REM. Ne pas confondre ce poignet avec la **manchette mousquetaire** (voir ce terme).

581. poignet simple, n.m.

Synonyme de **poignet droit** (voir ce terme).

582. poignet transformable, n.m.
two-way cuff

Sorte de poignet simple conçu de façon à pouvoir simuler un poignet mousquetaire. Dépourvu de surpiqûres, il comporte des boutonnières à chaque extrémité et un bouton escamotable qui permet de le boutonner à plat ou bord à bord. On peut également le fermer au moyen d'un bouton de manchette.

Forme fautive:
poignet deux façons qui est un calque maladroit de l'anglais two-way cuff.

583. pointe, n.f.
triangular fichu, fichu, kerchief

1° Triangle d'étoffe dont les femmes se coiffent ou qu'elles portent sur les épaules en guise d'écharpe.

toe; reinforced toe (renforcée)

2° Extrémité du bas, de la chaussette, etc., qui couvre les orteils. Cette partie est souvent renforcée, de sorte que l'on peut distinguer la démarcation entre la pointe et le bas proprement dit.

Syn.: **bout.**

collar point

3° Extrémité plus ou moins aiguë d'un col.

584. pointure, n.f.
size

Nombre conventionnel indiquant les dimensions d'un gant, d'une coiffure, d'un col, d'une chaussure ou de la partie du corps qu'ils habillent.

585. polo, n.m.
polo shirt

Chemise ou chemisier sport en maille, inspirés du costume des joueurs de polo. Ce vêtement s'enfile par la tête, se ferme devant à l'encolure par une patte polo ou un lacet. Il comporte un col pointu rabattu et souvent une petite poche poitrine appliquée. (Voir ill. n° 97.)

586. polojama, n.m.
polojama

Pyjama d'hommes, de femmes ou d'enfants qui se caractérise par sa tunique à manches longues de style tee-shirt et par ses bords-côtes au ras du cou, aux poignets et aux chevilles. (Voir ill. n° 134.)

REM. Ce terme est une francisation de l'anglais polojama qui, soit dit en passant, n'évoque pas le style polo classique.

587. pompon, n.m.
pompon, pom

Touffe de laine, de soie, de fourrure, etc., de forme sphérique ou hémisphérique, qui sert à orner le vêtement et la coiffure. On l'utilise surtout sur les bonnets de laine et de fourrure, sur certains bérets et sur les pantoufles. (Voir ill. n° 247.)

588. poncho, n.m.
poncho

1° Sorte de cape d'homme faite d'une couverture percée au centre pour passer la tête, en usage dans certains pays d'Amérique latine.

poncho	2° Imperméable d'homme ou de femme dont la forme rappelle celle du poncho et qui comporte un capuchon.
poncho	3° On appelle aussi ponchos des variantes du poncho traditionnel confectionnées dans les matières les plus diverses, que les femmes et les enfants portent surtout comme vêtements de loisirs, avec une jupe ou un pantalon. (Voir ill. n° 27.)
589. **pont,** n.m. *fall, flap*	Système de fermeture d'un pantalon, d'une culotte, dont le devant ou une partie du devant, en forme de trapèze, se ramène vers la taille et s'attache par un boutonnage sur les côtés et à la ceinture. On retrouve également des ponts décoratifs sur les jupes. (Voir ill. n° 130.)
590. **porte-jarretelles,** n.m. invar. *garter belt*	Ceinture en tissu élastique destinée à supporter les jarretelles de femme. (Voir ill. n° 160.) Syn.: **ceinture-jarretelles, ceinture porte-jarretelles.**
591. **pouce,** n.m. *thumb*	Partie du gant ou de la moufle qui habille le pouce.
592. **pouce ricochet,** n.m. *Bolton thumb*	Pouce dont la piécette est coupée à même la paume du gant.
593. **près du corps,** loc. adj. *fitting snugly*	Se dit de tout vêtement qui suit la ligne du corps sans pour cela être collant.
594. **pression,** n.f. ou m.	Voir **bouton-pression.**
595. **pressionné, e,** adj. *snap, domed*	Pourvu de boutons-pression. Ex.: patte pressionnée.
596. **prêt-à-porter,** n.m. collectif *ready-to-wear,* *ready-made,* *prêt-à-porter*	Vêtements de confection de qualité supérieure à la confection ordinaire et de coût inférieur aux vêtements sur mesure.
597. **pull,** n.m. (pl. pulls) *pullover*	Tricot de laine ou d'autres matières qui s'enfile par la tête et comporte souvent une encolure ras du cou ou en V, ou encore un col roulé. (Voir ill. n° 118.) **REM.** Ne pas prononcer à l'anglaise.
598. **pull d'entraînement,** n.m. *sweat shirt*	Pull blousant, à manches longues, qui est souvent porté comme partie supérieure d'un survêtement. Généralement fait de jersey de coton molletonné, il

est resserré aux poignets et aux hanches par un bord-côte. Le modèle le plus classique se caractérise par un petit empiècement en V, de tricot côtelé, qui forme encolure ras du cou ou se prolonge en col montant. Un autre type très répandu est pourvu d'un capuchon à lacet de serrage et d'une poche manchon.

Quand le pull d'entraînement s'ouvre de haut en bas devant par une glissière, on lui donnera plutôt le nom de **blouson d'entraînement** ou **blouson de survêtement** (voir **survêtement**), suivant l'usage qu'on en fait. (Voir ill. n° 72.)

Forme fautive:
sweat-shirt.

---

599. pull-over, n.m.
(pl. pull-overs)

Voir **pull.**

REM. Ne pas prononcer à l'anglaise.

---

600. pyjama, n.m.
pajamas, pyjamas

Vêtement de nuit (ou, moins souvent, d'intérieur) composé d'une veste ou d'une tunique et d'un pantalon à ceinture élastique ou coulissée. Ample et léger, il est conçu de façon à ne pas gêner les mouvements pendant le sommeil ou la détente. Le pyjama de dame est davantage soumis aux fantaisies de la mode que le pyjama d'homme. Ce dernier se caractérise aujourd'hui par sa veste droite pourvue d'un col chemisier ou tailleur et d'au moins une poche plaquée, qui est alors placée à gauche, sur la poitrine.

Formes fautives:
a) pyjama employé au pluriel pour ne désigner qu'un seul article (anglicisme);
b) pyjama prononcé py*d*jama.

Q

---

601. queue, n.f.
tail, claw-hammer

1° Prolongement du dos de l'habit de cérémonie. Il est constitué de deux basques taillées en pointes arrondies. Ex.: habit à queue. (Voir ill. n° 58.)

Syn.: familiers: **queue-de-morue, queue-de-pie.**

REM. Le terme **habit à queue** n'est pas, comme on l'a prétendu, un anglicisme.

Forme fautive:
Le canadianisme *queue de chemise* est une impropriété, parce que la chemise ne comporte pas, derrière, de basques allongées formant queue, mais un pan (voir ce terme).

shank	2° Sorte d'anneau placé au dos d'un bouton sans trous et qui permet de le coudre.
shank	3° Petite tige de fil que l'on forme sous un bouton en le cousant et qui facilite le boutonnage.
602. **queue-de-morue,** n.f. (pl. queues-de-morue) *claw-hammer coat*	Synonyme de **queue-de-pie** et de **queue** (voir ce terme) et synonyme familier d'**habit** (voir ce terme 3°).
603. **queue-de-pie,** n.f. (pl. queues-de-pie) *claw-hammer coat*	Synonyme de **queue-de-morue** et de **queue** (voir ce terme) et synonyme familier **d'habit** (voir ce terme 3°).

R

604. **rabat,** n.m. *pocket flap*	1° Morceau d'étoffe ou d'autre matière fixé à la partie supérieure de l'ouverture d'une poche sur laquelle il retombe. Il est souvent rectangulaire mais peut affecter d'autres formes. Il sert parfois à simuler une poche (voir **fausse poche**). Ex.: rabat boutonné; rabat en forme d'écusson. (Voir ill. n° 7.)

REM. Ne pas confondre le rabat de poche avec le revers de poche (voir **revers** 1°).

flap	2° Pièce rectangulaire d'étoffe, de tricot, de cuir, etc., fixée à l'entrée de tête d'une coiffure (casque, casquette, etc.) et qui peut se rabattre pour protéger du froid la nuque et les oreilles. (Voir ill. n° 269.)
605. **raglan,** n.m. *raglan*	Manteau plutôt ample, caractérisé par le style bien particulier de ses poches et de ses manches (voir **poche raglan** et **manche raglan**). (Voir ill. n° 13.)

REM. L'adjectif raglan accolé à un nom de vêtement (manteau, pardessus raglan) signifie que ce vêtement comporte des manches raglan.

606. **ras-de-cou,** loc. adj. et n.m.	Voir **encolure ras du cou.**
607. **ras du cou,** loc. adj. et n.m.	Voir **encolure ras du cou.**
608. **ras le cou,** loc. adj. et n.m.	Voir **encolure ras du cou.**

609. rebras, n.m.
gauntlet

Prolongement d'un gant compris entre la base du pouce et le bord du gant. Sa longueur est très variable: il peut recouvrir le poignet, tout l'avant-bras et même le coude. (Voir ill. n° 234.)

610. redingote, n.f.
redingote

Manteau de femme, droit ou croisé, ajusté ou simplement «appuyé» à la taille. Il dérive de l'ancien vêtement masculin à double ou simple boutonnage, pourvu d'un grand col à revers et de longues basques enveloppantes, qui était encore porté dans le premier tiers de notre siècle pour les cérémonies. (Voir ill. n° 17.)

611. régate, n.f.

Voir **cravate.**

612. renforcé, e, adj.
reinforced

Se dit d'un vêtement (ou d'une partie de vêtement) rendu plus épais et plus résistant aux endroits exposés à l'usure. Ex.: bas-culotte renforcé aux talons; genoux renforcés d'un pantalon d'enfant.

Forme fautive:
renforci.

613. renfort, n.m.
reinforcement

1° Ce qui sert à renforcer un vêtement aux endroits vulnérables.

reinforcement,
patch

2° Plus spécialt Pièce de matière et de forme variables appliquée (cousue ou collée) aux coudes ou aux genoux d'un vêtement pour les rendre plus résistants, les protéger, et parfois les garnir. Ex.: renfort de cuir aux coudes d'une veste sport.

underbust insert

3° Pièce de matière rigide placée à l'intérieur et à la base d'un bonnet de soutien-gorge pour assurer un meilleur maintien. Généralement en forme de pétales, son contour est souligné par une piqûre.

Forme fautive:
insertion.

614. résille, n.f.
hairnet

1° Sorte de filet invisible fait de cheveux humains ou en imitation, qui sert à maintenir la chevelure.

snood

2° Filet décoratif de soie ou d'autre matière dont on enveloppe une chevelure longue.

Forme fautive:
net (à cheveux).

615. revers, n.m.
cuff (de manche, de pantalon); *turn-up* (de pantalon); *wrist-*

1° Extrémité d'un vêtement ou d'une partie de vêtement, rapportée ou non, repliée sur l'extérieur et montrant l'endroit. Ex.: revers d'une manche, d'une jambe de pantalon (voir ill. n° 125), d'un gant,

band (de gant); *turn-over* (de chausset-te); *turn-down flap* (de poche)	d'une chaussure, d'une poche plaquée. (Voir ill. n° 3.)

Syn. de revers (de manche): **parement.**

Syn. de revers (de pantalon): **bas relevé.**

REM. Ne pas confondre le revers de poche avec le rabat de poche (voir **rabat** 1°).

Formes fautives:
cuff ou coffre, pour revers de pantalon.

lapel	2° Plus spécialt Chacune des deux parties situées dans le prolongement du col et rabattues sur la poitrine. Ex.: revers d'un veston. (Voir ill. n° 49.)

Formes fautives:
a) basque (voir ce terme);
b) lapel

616. revers cranté, n.m.
notched lapel

Revers formant un cran à l'endroit de sa rencontre avec le col.

617. réversible, adj.
reversible

Se dit d'un vêtement dépourvu d'envers, conçu pour être porté indifféremment d'un côté ou de l'autre. Ces derniers sont généralement faits d'étoffes diffé-rentes.

618. revêtir, v. tr.
to put on

1° Mettre sur soi ou à quelqu'un un vêtement spécial (de cérémonie ou qui identifie une fonction, une charge, une dignité, un état, etc.). Ex.: Revêtir une tenue d'apparat, un uniforme. Revêtir la bure mo-nacale. Revêtir le célébrant de ses vêtements li-turgiques.

to put on

2° Mettre un vêtement quelconque par-dessus ses autres vêtements. Ex.: Revêtir un manteau.

Se revêtir, v. pron.
to clothe oneself in

3° Se couvrir d'un vêtement spécial (voir 1°). Ex.: Le juge se revêt de sa toge.

619. robe, n.f.
dress, gown

Vêtement de dessus que portent les femmes et les jeunes enfants. Il comprend un corsage pourvu ou non de manches qui est prolongé par une jupe à mê-me ou montée.

REM. Dans certains pays africains et asiatiques, le robe est aussi portée par les hommes.

620. robe bain-de-soleil, n.f. (pl. robes bain-de-soleil) *sundress, halter top dress, dress with halter bodice*

Robe à corsage bain-de-soleil (voir **bain-de-soleil**).

621. **robe chasuble,** n.f.   Voir **chasuble.**

622. **robe chemisier,** n.f. (pl. robes chemisier) *shirtwaist dress*   Robe dont le corsage s'apparente à la chemise d'homme et qui est le plus souvent coupée à la taille et ceinturée.

623. **robe (de) cocktail,** n.f.   Préférer **robe (de) coquetel** (voir ce terme).

624. **robe (de) coquetel,** n.f. (pl. robes (de) coquetel) *cocktail dress*   Robe habillée, de longueur variable, qui se porte a-près cinq heures. Elle peut aussi servir de robe de dîner et de robe à danser.

625. **robe d'après-midi,** n.f. (pl. robes d'après-midi) *tea-gown*   Robe assez habillée qui se porte pendant la journée, spécialement l'après-midi pour les réunions sociales.

626. **robe de chambre,** n.f. (pl. robes de chambre) *dressing gown, bathrobe; wrapper* (de femme)   Sorte de manteau d'intérieur à l'usage des deux sexes, confortable et souvent chaud, de longueur et de matière variables. La robe de chambre classique a un col châle et des poches plaquées. Comme elle ne comporte pas de boutonnage, elle se porte croisée et retenue à la taille au moyen d'une ceinture nouée ou d'une cordelière. On l'endosse, le plus souvent, sur un vêtement de nuit.

Forme fautive:
kimono employé pour désigner n'importe quelle sorte de robe de chambre (voir kimono).

627. **robe de dîner,** n.f. *dinner dress*   Robe habillée qui s'apparente à la robe du soir ou à la robe de coquetel, suivant le caractère plus ou moins protocolaire du dîner pour lequel on la porte.

628. **robe de grosesse,** n.f.   Synonyme de **robe de maternité** (voir ce terme).

629. **robe de maison,** n.f.   Synonyme de **robe-tablier** (voir ce terme) et de **blouse-robe.**

630. **robe de maternité,** n.f. *maternity dress*   Robe ample ou évasée que portent les femmes enceintes.

Syn.: **robe de grosesse.**

REM. a) Il semble que le terme robe de maternité soit, au Québec, d'utilisation plus courante que robe de grossesse;
b) On dit aussi **robe maternité** (pl. robes maternité).

631. **robe de plage,** n.f. (pl. robes de plage) *beach dress, sundress*   Robe légère, plus ou moins couvrante, de style et de longueur variables, qui se porte à la plage avec ou sans maillot de bain.

632. robe d'hôtesse, n.f.
(pl. robes d'hôtesse)
hostess robe,
hostess gown

Robe d'intérieur assez élégante pour être portée quand on reçoit des invités.

633. robe d'intérieur, n.f.
house-coat

Sorte de robe de détente longue et confortable que les femmes portent à la maison. Plus sobre que la robe d'hôtesse, elle est généralement suffisamment façonnée pour se rapprocher de la robe de ville de forme très simple.

634. robe du soir, n.f.
gown, evening
gown, evening dress

Robe d'apparat, au corsage généralement décolleté et sans manches, à jupe longue. Confectionnée dans une étoffe somptueuse, elle se porte lors de certaines réceptions et cérémonies ayant lieu le soir.

635. robe enveloppe, n.f.
wraparound dress,
wraparounder

Robe droite sans manches ouverte latéralement de haut en bas. Faite d'un rectangle d'étoffe, elle comporte trois entournures. On la met en l'enroulant autour du corps de gauche à droite ou vice versa. Elle se ferme par une partie qui se rabat, à volonté, sur un côté du dos ou du devant. (Voir ill. n° 121.)

636. robe fourreau, n.f.
(pl. robes fourreau)

Voir **fourreau** 1°.

637. robe kimono, n.f.
kimono dress

Robe plus ou moins inspirée, selon la mode, du kimono traditionnel et caractérisée essentiellement par ses manches dites kimono.

638. robe-manteau, n.f.
coat-dress

Robe tailleur qui se ferme devant de haut en bas, dont les manches sont de longueur variable, et qui peut être doublée. Le plus souvent façonnée dans une étoffe chaude, elle peut tenir lieu de manteau par temps frais.

639. robe maternité, n.f.

Voir **robe de maternité.**

640. robe-polo, n.f.
(pl. robes-polo)

Sorte de robe dont le corsage imite le polo.

641. robe princesse, n.f.
(pl. robes princesse)
princess dress

Robe au corsage ajusté ou demi-ajusté et à jupe évasée. Non coupée à la taille, elle est galbée par des découpes qui vont des épaules ou des emmanchures jusqu'à l'ourlet du vêtement.

REM. a) La robe princesse peut aussi former jupe droite vers le bas.
b) La ligne de la robe princesse s'adapte également au manteau féminin et à la combinaison-jupon.

642. robe-tablier, n.f.
house dress

Robe, chasuble ou tunique qui se porte à la maison principalement pour les travaux domestiques. Confectionnée dans une matière légère et pratique (généralement du coton), elle est courte, de style simple, non ajustée, facile à enfiler, et souvent se ferme devant. Elle comporte des poches plaquées et parfois une ceinture.

Syn.: **blouse-robe, robe de maison.**

643. robe tube, n.f.
(pl. robes tube)
shift dress

Robe droite dont la taille, non coupée, et l'ourlet ont le même diamètre. Elle peut être ceinturée.

644. ruche, n.m.

Synonyme de **ruché** (voir ce terme).

645. ruché, n.f.
ruching, ruche

Bande d'étoffe légère (dentelle, tulle, mousseline, ruban, etc.) assez étroite, plissée ou froncée soit au milieu, soit sur un bord. Elle est disposée en un ou plusieurs rangs et sert à orner un vêtement à différents endroits. Ex.: un décolleté garni de ruchés.

S

646. saharienne, n.f.
safari jacket, bush jacket, bush shirt

Sorte de veste-chemise d'été en toile, généralement à manches courtes et de couleur beige, comportant une ceinture à boucle et crans, ainsi que quatre poches plaquées avec pli (dites poches soufflet) et rabat. (Voir ill. n° 111.)

647. salopette, n.f.
overalls,
bib overalls,
dungarees

1° Vêtement de travail fait généralement de grosse toile rustique, constitué d'un pantalon non ajusté prolongé d'une bavette, le tout muni de poches. La salopette est suspendue par des bretelles se croisant dans le dos et venant s'attacher à la bavette au moyen de boutons ou de boucles. Elle est destinée aux hommes et aux femmes et se porte avec une chemise, un corsage, un chandail, etc.

Forme fautive:
overalls.

overalls, bib overalls

2° Culotte ou pantalon d'enfant, munis d'une bavette à bretelles.

overalls, bib overalls

3° Par ext. Tout vêtement de fantaisie ou de sport, assez ajusté et aux coloris variés, dont la forme rappelle celle de la salopette de travail. Ex.: une salopette de ski.

Forme fautive:
le mot salopette employé au pluriel pour ne désigner qu'un seul article (anglicisme).

648. **sandale** (substantif pris adjectivement) *sandalfoot* (pied sandale); *nude heel* (talon sandale)

Terme qui, employé pour qualifier le talon ou le pied d'un bas (ou encore le bas lui-même), signifie qu'ils ne sont pas renforcés de façon que ce bas puisse ê- tre porté avec une sandale. Ex.: bas-culotte à pieds sandales, à talons sandales, collant sandale.

649. **sarong**, n.m. (pl. sarongs) *sarong*

Adaptation du sarong malais, qui se porte en Occi- dent comme jupe de plage et qui est analogue au pa- réo.

650. **sarrau**, n.m. (pl. sarraus) *smock, blouse, slop*

Sorte de blouse ample et légère souvent plissée, à manches longues, boutonnée devant ou derrière, portée sur les autres vêtements pour ne pas les salir. Ex.: Le sarrau d'écolière comporte souvent un col Claudine et un empiècement. (Voir ill. n° 74.) Un sar- rau de peintre, de sculpteur.

Forme fautive:
sarrau employé au sens de blouse de laboratoire (voir blouse).

651. **saut-de (ou du) -lit,** n.m. (pl. saut (s)- de-lit) *bathrobe, dressing gown, negligee*

Sorte de peignoir léger que les femmes passent en se levant.

652. **saxe**, n.m.

Gant très sobre, dépourvu de revers, de fentes, de baguettes ou d'autres garnitures. Souvent fait de peausserie, il est légèrement évasé et couvre le poi- gnet. (Voir ill. n° 232.)

REM. On dit aussi **gant de saxe** et **gant saxe.**

653. **schapska**

Préférer **chapska** (voir ce terme).

654. **semelle** (de bas), n.f. *sole*

Partie d'un bas, d'une chaussette qui est en contact avec la plante du pied et qui peut être renforcée.

655. **serre-tête,** n.m. invar. *crash-helmet*

1° Bonnet de cuir ou de matière s'y apparentant, ha- bituellement fourré. Très enveloppant, il est com- posé d'une calotte prolongée par une sorte de ra- bat qui recouvre la nuque et les oreilles et s'atta- che sous le menton. Il est souvent pourvu d'une étroite visière. (Voir ill. n° 249.)

headband

2° Bandeau de tricot que l'on porte pour les sports d'hiver. Il est destiné à protéger les oreilles du froid et à maintenir la chevelure. Étroit sur le front, il va en s'élargissant au niveau des oreilles et de la nuque. (Voir ill. n° 250.)

656. short, n.m.
shorts

1° Courte et légère culotte de sport à l'usage des deux sexes, qui ne couvre généralement que le haut de la cuisse, mais peut descendre un peu plus bas.

Formes fautives:
a) short utilisé au pluriel pour désigner un seul vêtement (anglicisme);
b) short employé pour caleçon court (voir caleçon).

hot pants

2° Vêtement très court analogue au précédent, que les femmes portent à la ville (et parfois même en soirée), hiver comme été, souvent sous une robe ou une jupe entrouverte devant pour le laisser entrevoir.

Forme fautive:
hot pants.

REM. Ne pas prononcer le mot short à l'anglaise.

657. short boxeur, n.m.
boxers

Sorte de short d'homme rappelant la culotte du boxeur. Plissé à la taille par une ceinture élastique dite boxeur (angl.: *boxer-waist*), il est nécessairement pourvu d'un slip intérieur.

REM. Ne pas confondre avec le **caleçon boxeur** (voir ce terme).

658. slip, n.m.
bikini, bikini panties (de femme);
bikini briefs, slip (d'homme)

1° Sous-vêtement féminin ou masculin qui consiste en une culotte ou un caleçon abrégé, à taille basse, dépourvu de jambes et échancré très haut sur les cuisses. (Voir ill. n° 165.)

REM. Il est à noter que la distinction entre le slip et la culotte (sous-vêtement féminin) n'est pas toujours faite, même en France et ce n'est pas une faute grave que de nommer culotte un slip féminin.

bathing slip, trunks

2° Caleçon de bain de même forme, que portent les hommes.

Forme fautive:
slip employé pour combinaison-jupon (voir ce terme).

659. smocks, n.m. pl.
smocking

Motif décoratif généralement utilisé dans la confection des vêtements d'enfants. On le retrouve sur le corsage et au bas des manches des robes, des chemises de nuit, des barboteuses, etc. Il est formé de petites fronces verticales fixées par des points de broderie effectués sur l'endroit avec des fils de couleurs contrastantes.

660. smoking, n.m.
tuxedo

1° Costume habillé composé d'un veston, d'un gilet, et d'un pantalon à galon de soie sur les côtés, tous de même couleur. Il se porte dans les dîners et les soirées de demi-cérémonie. Il est habituellement fait de drap fin noir, bleu nuit ou blanc (pour l'été ou les climats chauds). Le veston est droit ou croisé et comporte un long col de soie, de style châle ou tailleur; dans ce dernier cas, il arrive souvent que seuls les revers soient en soie. (Voir ill. n° 62.)

tuxedo jacket,
dinner jacket;
dinner coat (d'été)

2° Le mot smoking peut ne s'appliquer qu'au veston.

Formes fautives:
a) tuxédo (anglicisme);
b) smoking, au sens de veston d'intérieur (voir ce terme).

661. socquette, n.f.
ankle sock, anklet,
bobby-sock

Sorte de chaussette sport très courte, avec ou sans revers, ne couvrant que le pied et la cheville. (Voir ill. n° 228.)

Formes fautives:
a) bas aux chevilles;
b) bas court;
c) le mot socquette employé au sens de chausson protecteur (voir chausson 4°).

662. sortie-de-bain, n.f.
(pl. sorties-de-bain)
bathrobe, bath-wrap

Vêtement, peignoir ou grande serviette de tissu é-ponge dont on s'enveloppe avant et après le bain, chez soi ou à la plage.

663. sortie-de-bal, n.f.
(pl. sorties-de-bal)
evening wrap

Vêtement du soir (manteau, cape, etc.), plus ou moins chaud, dont les femmes se couvrent pour aller au bal.

664. soufflet, n.m.
gusset

Pièce triangulaire que l'on fixe dans l'angle d'une fente d'une partie de vêtement pour lui donner plus d'ampleur.

Forme fautive:
soufflet employé en couture pour désigner un gousset (voir ce terme 2°).

665. soupied

Voir **sous-pied.**

666. sous-bas, n.m.
understocking

Bas de couleur chair suffisamment épais pour protéger du froid, et qui se porte sous un bas fin en hiver.

667. sous-bras, n.m.

Partie du vêtement située sous l'aisselle.

Forme fautive:
sous-bras au sens de dessous-de-bras (voir ce terme).

668. sous-jupe, n.f.
skirt foundation

Sorte de jupon destiné à être porté sous une jupe ouverte ou d'étoffe transparente.

669. sous-pied, n.m.
(pl. sous-pied)
trouser strap, footstrap (de pantalon);
under-strap
(de guêtre)

Patte, le plus souvent élastique, qui passe sous le pied pour maintenir tendu un pantalon de sport, assujettir une guêtre, etc. Ex.: sous-pied d'un fuseau de ski.

REM. On dit aussi **patte sous-pied.**

670. sous-vêtement, n.m.
underwear,
undergarment

Terme générique s'appliquant à toutes les pièces de l'habillement destinées à être portées à même la peau et sous les vêtements.

REM. Quand on parle de plusieurs sous-vêtements, en particulier de sous-vêtements féminins, on peut aussi dire des **dessous** (voir ce terme).

671. sous-vêtement de maintien, n.m.
foundation garment

Terme générique s'appliquant aux articles de corseterie et aux soutiens-gorge.

Forme fautive:
vêtement de base (anglicisme).

672. soutien-gorge, n.m.
(pl. soutiens-gorge)
brassiere, bra

Sous-vêtement féminin plus ou moins souple qui entoure le torse. Il est destiné à maintenir la poitrine et à la mettre en valeur. Composé essentiellement de deux bonnets, avec ou sans armature, il est retenu par des bretelles et s'attache le plus souvent dans le dos, au moyen de deux bandes élastiques qui s'agrafent. Certains modèles s'attachent devant au moyen d'un système de fermeture fixé entre les deux bonnets. (Voir ill. n° 151.)

Forme fautive:
brassière (voir ce terme).

673. soutien-gorge ampliforme, n.m.

Synonyme de **soutien-gorge préformé** (voir ce terme).

674. soutien-gorge balconnet, n.m.
(pl. soutiens-gorge balconnet)
push up bra

Soutien-gorge souvent préformé, à armature, découvrant le haut de la poitrine. Ses épaulettes, qui peuvent être amovibles, sont décalées au bord de l'épaule, rejoignant généralement l'armature sur le côté des bonnets. (Voir ill. n° 155.)

675. soutien-gorge corbeille, n.m. (pl. soutiens-gorge corbeille)

Soutien-gorge décolleté dont les bonnets se prolongent en de longues pointes vers les épaulettes. (Voir ill. n° 157.)

676. soutien-gorge pigeonnant, n.m.
décolleté bra

Soutien-gorge généralement préformé, à armature, très échancré, qui fait la poitrine haute et ronde comme la gorge d'un pigeon.

677. **soutien-gorge préformé,** n.m. *padded bra, contour bra*	Soutien-gorge dont les bonnets galbés ou renforcés de mousse synthétique accentuent la poitrine ou servent de seins postiches.

Syn.: **soutien-gorge ampliforme.**

Forme fautive:
brassière paddée (anglicisme).

678. **spencer,** n.m.
spencer

1° Courte veste de soirée pour homme, analogue à celle de l'habit de cérémonie, mais dépourvue de basques. Le plus souvent faite de toile blanche, elle se porte l'été.

Eton jacket

2° Petite veste noire de garçonnet, de même forme que la précédente et comportant des boutons de métal, qui fait partie du costume Eton (voir **Eton**). (Voir ill. n° 68.)

spencer

3° Courte veste de femme, ajustée et non ceinturée, pourvue de manches longues et qui s'arrête plus ou moins haut au-dessus des hanches. (Voir ill. n° 66.)

REM. Ne pas prononcer à l'anglaise.

679. **sur-maillot,** n.m.

Synonyme de **cache-maillot** (voir ce terme).

680. **sur mesure (s),** loc. adj.
made-to-order, made-to-measure

Se dit des vêtements et des chaussures faits et ajustés suivant les mesures d'une personne. S'oppose à vêtements de **confection** (voir ce terme). Ex.: un complet sur mesure.

681. **suroît,** n.m.
southwester

Coiffure dont le bord, étroit sur le front, s'élargit progressivement et descend sur la nuque, à l'exemple des chapeaux de pêcheurs dont elle a emprunté le nom et qui sont conçus pour protéger des intempéries. Le suroît est généralement en matière imperméable parce qu'il accompagne le plus souvent le manteau de pluie, et peut être retenu sous le menton par des brides. (Voir ill. n° 245.)

682. **surpantalon,** n.m.
warm-up pants

Pantalon chaud en nylon ou autre matière semblable, que l'on porte en principe par-dessus un pantalon de ski pour se protéger contre un froid intense. Il comporte des glissières latérales pleine longueur ou partant seulement du genou. (Voir ill. n° 44.)

683. **surpiqûre,** n.f.
top stitching

Piqûre robuste à longs points, le plus souvent faite avec de la soie à boutonnière. Son rôle n'est pas d'assembler, mais bien de garnir tout en consolidant. On la retrouve en bordure de certaines parties de vêtement: revers, poches, etc. On l'utilise aussi pour souligner les découpes.

684. surplis, n.m.
smock top

Corsage qui, par sa forme et le tissu dans lequel il est confectionné, rappelle le surplis ecclésiastique. Le plus souvent fait de coton blanc, il est flottant, pourvu d'un empiècement devant et orné de fronces, de dentelles ou de broderies. Ses manches sont généralement amples, son encolure souvent carrée. Il peut aussi comporter un col de style variable.

685. surtout, n.m.
overcoat, surtout

Large manteau ample et simple porté par les hommes et par les femmes.

686. survêtement, n.m.
sweat suit,
training suit,
jogging suit

Ensemble formé d'un blouson ou d'un pull (angl.: *sweat shirt*) et d'un pantalon (angl.: *sweat pants*), souvent en jersey molletonné, que les sportifs mettent sur leur tenue de sport, avant et après les exercices, les épreuves. Il peut aussi constituer un vêtement d'entraînement proprement dit. (Voir ill. n° 73).

T

687. tablier, n.m.
apron

1° Vêtement de protection, et parfois d'ornementation quand il est porté par le sexe féminin, exécuté dans des matières diverses (ex.: étoffe, cuir, plastique) et qui ne couvre que le devant du vêtement sur lequel il est porté. Ex.: tablier de cuisine, de boucher, de cordonnier.

pinafore, smock

2° Par ext. Blouse de protection qui se boutonne généralement derrière, tel le tablier d'écolier, ou devant, comme le tablier-blouse.

688. tablier (à) bavette,
n.m. (pl. tabliers
(à) bavette)
bibbed apron,
bib-top apron

Tablier ne protégeant généralement que le devant d'un vêtement. Il est caractérisé par sa bavette suspendue par une bride qui passe autour du cou ou par des bretelles qui se croisent dans le dos. D'une seule pièce, il est retenu derrière par des liens communément appelés cordons; coupé à la taille, il comporte une ceinture qui se noue derrière.

689. tablier à thé, n.m.
tea apron

Minuscule tablier très coquet, qui peut comporter une bavette avec ou sans bretelles. Fait de linon, d'organdi ou d'autre matière légère, il est orné de broderie, de volants ou de dentelle.

690. tablier-blouse, n.m.
(pl. tabliers-blouses)
smock, overall

Longue blouse unie ou imprimée que portent les ménagères, le plus souvent sur un autre vêtement. Le modèle le plus classique est de forme droite; il comporte un col tailleur ou chemisier, un boutonnage pleine longueur devant, des poches plaquées, des manches longues et une ceinture. Le tablier-blouse peut également se croiser devant ou derrière, ou s'inspirer de la tunique russe avec col montant et boutonnage latéral.

REM. On dit aussi **blouse-tablier.**

Formes fautives:
a) couvre-tout, terme qui n'existe pas en français;
b) smock.

691. **tablier taille,** n.m. (pl. tabliers taille) *half-apron*

Tablier de longueur variable qui tombe sur le devant d'un vêtement à partir de la taille et qui peut envelopper partiellement les hanches. Il est monté sur une ceinture apparente qui se noue dans le dos. (Voir ill. n° 82.)

692. **taille,** n.f. *size*

1° En confection, nombre correspondant à l'ensemble des mesures d'un vêtement déterminées par un type standard. Ex.: Je désire un chemisier de taille 40. Ces bas se font en taille unique (angl.: *one size*). C'est une boutique qui ne vend que des grandes tailles.

Formes fautives:
a) grandeur;
b) âge.

waistline

2° Rétrécissement plus ou moins accentué d'un vêtement, qui peut se situer à différents niveaux selon la mode, à partir du bas de la poitrine jusqu'aux hanches. Ex.: La taille des robes de style Empire était placée haut sous les seins.

693. **tailleur,** n.m. *suit*

Deux-pièces de ville coupé dans une étoffe de bonne tenue. Il est constitué d'une veste (ou jaquette) doublée, à manches généralement longues, et d'une jupe. Il se porte avec une blouse ou un chemisier assortis. Le tailleur classique s'apparente au complet traditionnel.

REM. On rencontre moins souvent aujourd'hui le terme **costume tailleur.**

694. **tailleur-pantalon,** n.m. (pl. tailleurs-pantalons)

Synonyme de **pantailleur** (voir ce terme).

695. **talon** (de bas), n.m. *heel*

Partie généralement renforcée d'un bas, d'une chaussette, qui recouvre la talon.

696. talonnette, n.f.
binding,
bottom binding

Ruban très résistant ou étroite bande de cuir que l'on coud à l'intérieur et à l'arrière du bas des jambes d'un pantalon d'homme, pour éviter l'usure due au frottement de la chaussure.

697. tambourin, n.m.
pillbox

Petit chapeau de femme, sans bords et à calotte plate, de forme cylindrique. (Voir ill. n° 237.)

698. tandem, n.m.
twin-set

Ensemble se composant d'un pull, souvent à encolure ras du cou, et d'un cardigan (parfois remplacé par un gilet de laine) parfaitement assortis. (Voir ill. n° 117.)

Forme fautive:
twin-set.

699. tee-shirt, n.m.
(pl. tee-shirts)
T-shirt, tee-shirt

1° À l'origine, sous-vêtement des joueurs de baseball américains.

T-shirt, tee-shirt

2° Gilet de corps à manches courtes et encolure ras du cou.

T-shirt, tee-shirt

3° Par ext. Pull en jersey de coton sans fermeture, avec encolure plus ou moins près du cou et manches courtes, qui est porté par les deux sexes. En principe, il se caractérise par sa forme qui, lorsqu'il est posé à plat, rappelle celle de la lettre T.

REM. On écrit aussi **T-shirt.**

700. tenant, e, adj.
attached

Qui est fixé au vêtement. Ex.: col tenant (s'oppose à **faux-col**); capuche tenante d'un anorak.

701. tenue, n.f.
dress, garb

1° Façon dont une personne est vêtue. Ex.: Avoir une tenue négligée. Être en petite tenue, c'est-à-dire très peu vêtu.

outfit, garb, dress

2° Ensemble des vêtements et des accessoires qui se portent pour une activité ou une circonstance déterminée. Ex.: tenue d'équitation; tenue de voyage; tenue de ville.

702. tête de manche, n.f.
(pl. têtes de manche)
sleeve cap

Partie arrondie de la manche montée qui recouvre le haut du bras jusqu'au biceps et se coud à l'entournure.

703. tige (de bas), n.f.
leg

Prolongement d'un bas, d'une chaussette au-dessus du pied. Sa hauteur varie selon qu'il s'agit d'un bas, d'un mi-bas, d'une chaussette ou d'une socquette.

Syn.: **jambe.**

704. tirant (de réglage), n.m.
adjustable waist tab, buckled tab

Sorte de patte ayant pour fonction de resserrer un vêtement à la taille au moyen d'une boucle qui peut être fixée au vêtement lui-même ou à une autre patte (également appelée tirant) lui faisant face. Ce système de réglage se rencontre au dos du gilet du complet-veston où il peut être jumelé, ainsi qu'à l'arrière ou sur le côté de certains pantalons. (Voir ill. n° 52.)

705. tirette, n.f.
loop

1° Chacune des deux petites brides formées d'un ruban plié en deux, fixées à la taille d'une jupe et permettant de la suspendre à un cintre.

pull-tab

2° Petite pièce, souvent ornementale, de formes et de matériaux divers, servant à manoeuvrer le curseur (angl.: *slider*) d'une fermeture à glissière.

706. toilette, n.f.
outfit, formal (dress)

1° Ensemble des pièces de l'habillement dont une femme se pare pour une circonstance exigeant une tenue habillée. Ex.: toilette de mariée.

dress

2° Par ext. Tout costume féminin, à l'exclusion des tenues sport ou de travail. Ex.: toilette d'été; toilette de voyage.

dress

3° Fait de se parer avec recherche et élégance (ne se dit que des femmes). Ex.: Aimer la toilette (*to be fond of dress*).

Forme fautive:
l'expression *de toilette* employée pour qualifier une partie de l'habillement.

707. tombant, n.m.
collar fall

1° Partie du col qui se retourne sur l'épaule à partir de la cassure jusqu'au bord.

2° Synonyme de **tombée** (voir ce terme).

708. tombée, n.f.
fall

Aspect que présente un vêtement considéré par rapport à sa manière de tendre vers le sol. Ex.: Le pli permanent de ce pantalon lui assure une tombée nette et impeccable.

Syn.: **tombant**

REM. En ce sens, on trouve aujourd'hui plus communément le mot tombant bien que les dictionnaires n'enregistrent pas cet usage.

709. toque, n.f.
toque, fur hat

1° Coiffure d'étoffe ou de fourrure de forme plus ou moins cylindrique, à fond plat, dépourvue de bord. Elle se pose généralement sur le front et emboîte la tête. (Voir ill. n° 238.)

Forme fautive:
casque au sens de toque de fourrure pour hommes (voir casque).

cap

2° Casquette hémisphérique que portent les jockeys et dont les couleurs correspondent à celles de leur écurie.

710. tour-de-cou, n.m.
(pl. tours-de-cou)
necklet

Accessoire vestimentaire (fourrure, écharpe, foulard, etc.) dont on entoure le cou pour l'orner ou le réchauffer. Ex.: tour-de-cou en gaze, retenu par une fleur.

711. tour de taille, n.m.
waist measurement

Mesure du périmètre de la taille.

712. tour de tête, n.m.
head size

Mesure du contour de la tête qui détermine la pointure de la coiffure (voir **entrée de tête**).

713. tourmaline, n.f.
tam-o'-shanter, tam

Terme québécois désignant une sorte de large béret de laine maintenu sur la tête par un étroit bord-côte. Il est habituellement surmonté d'un pompon. (Voir ill. n° 246.)

714. tout-aller,
loc. adj. invar.
casual

Se dit d'un vêtement passe-partout ni trop sport, ni trop habillé, qui peut convenir à plusieurs circonstances. Ex.: La petite robe tout-aller est indispensable en voyage.

715. tout-en-un,
n.m. invar.
cat suit,
body stocking

Vêtement moulant fait de tricot souvent à côtes, incorporant un collant (voir ce terme 2°) et une sorte de pull à glissière, généralement à col roulé et manches longues. Il peut se porter seul comme tenue de gymnastique ou se combiner avec la jupe, la chasuble, le short, etc. (Voir ill. n° 86.)

716. tout fait,
n.m. collectif
ready-made,
ready-to-wear

Désigne des vêtements de confection par opposition aux vêtements sur mesure. Ex.: Acheter du tout fait.

717. tout (e) fait (e),
loc. adj.
ready-made

Se dit d'une partie de l'habillement qui n'est pas faite sur mesure. Ex.: Elle ne porte que des vêtements tout faits.

REM. Quand *fait* est au féminin, *tout* varie en genre et en nombre par euphonie. Ex.: Elle ne porte que des robes toutes faites.

718. traîne, n.f.
train

Prolongement rapporté ou non à l'arrière d'une robe ou d'un manteau d'apparat et qui traîne sur le sol. Ex.: traîne d'une robe de mariée.

719. tranche, n.f.

Synonyme de **côte** (voir ce terme).

720. **transformable,** adj.
convertible

Se dit d'un vêtement (ou d'une partie de vêtement) conçu pour se porter de différentes façons ou se modifier à volonté. Ex.: col transformable, poignet transformable; robe transformable en chasuble; robe transformable grâce à un jeu de panneaux différents et amovibles.

721. **trench,** n.m.
(pl. trenchs)

Forme abrégée et familière de **trench-coat** (voir ce terme).

722. **trench-coat,** n.m.
(pl. trench-coats)
trench coat

Manteau sport imperméable, pour hommes ou femmes, caractérisé par sa teinte beige, son col pointu transformable, son double boutonnage, ses bavolets sur le devant et dans le dos, ses grandes poches le plus souvent de style raglan, ses pattes aux épaules et au bas des manches, et enfin sa ceinture sous passants. (Voir ill. n° 8.)

723. **tricot,** n.m.
sweater, pullover

1° Tout vêtement tricoté qui couvre le torse (gilet, chandail, cardigan, etc.).

*undervest,
undershirt*

2° Maillot de corps des matelots, à rayures horizontales blanches et bleues.

724. **triplure,** n.f.
*interlining,
interfacing,
stiffening*

Matière textile ayant une certaine rigidité, intercalée entre l'étoffe et la doublure d'une partie de vêtement pour renforcer celle-ci et lui donner du corps. Ex.: triplure de col chemisier.

725. **trois-pièces,** n.m.
three-piece

Ensemble vestimentaire féminin constitué de trois éléments. Ex.: Un trois-pièces comprenant une veste, une tunique et un pantalon.

726. **trois-quarts,** n.m.
three-quarter coat

Manteau s'arrêtant approximativement à mi-cuisses.

727. **trotteur,** n.m.
trotteur

1° Désigne un tailleur dont le style convient particulièrement à la promenade et aux déplacements en ville.

trotteur

2° Petit chapeau que l'on porte avec une tenue de ville.

728. **trotteur, euse,** adj.
*walking (skirt,
costume, dress)*

Se dit d'un manteau, d'une robe, d'un tailleur ou d'une jupe de ville, de ligne sobre et dégagée, conçus en principe de façon à permettre de marcher rapidement. Ex.: une robe trotteuse; une robe trotteur.

729. **trousseau,** n.m.
trousseau

Ensemble du linge et des vêtements nécessaires à la jeune fille qui se marie ou prend le voile et à l'enfant qui entre en pension.

730. t-shirt, n.m.

Voir **tee-shirt.**

731. tunique, n.f.
tunic

1° Long vêtement de dessus, de style dépouillé, non coupé à la taille et de forme droite, inspiré de l'Antiquité.

tunic

2° Sorte de blouse parfois ceinturée qui descend aux hanches, à mi-cuisses ou aux genoux et retombe sur la jupe ou le pantalon. (Voir ill. n° 79.)

Forme fautive:
tunique pour chasuble d'écolière (voir chasuble).

732. tuque, n.m.
tuque, stocking cap

1° Sorte de long bonnet de laine qui fait partie du costume folklorique québécois et qui se porte pour le sport ou le carnaval. Il est fait d'une bande de tricot tubulaire dont les deux extrémités sont fermées. L'une d'elles est rentrée de façon à former l'intérieur du bonnet; l'autre constitue l'extérieur, retombe sur l'épaule et se termine soit par un pompon, soit par un gland. (Voir ill. n° 254.)

toque

2° Par ext. Bonnet de laine en tricot côtes de forme conique, surmonté d'un pompon.

REM. Prendre garde de ne pas appeler tuque tous les bonnets de laine.

733. turban, n.m.
turban

Coiffure formée d'un long bandeau de tissu souple que l'on drape de façon à emboîter la tête en dégageant plus ou moins le front. On peut le nouer à sa guise, soit à l'avant ou à l'arrière. On en laisse alors parfois flotter les bouts. Le turban peut aussi être drapé de façon permanente, parfois sur une forme.

734. tuyau de poêle, n.m.
(pl. tuyaux de poêle)

Synonyme familier de **haut-de-forme** (voir ce terme), de **chapeau de soie** et de **huit-reflets.**

U

735. uniforme, n.m.
uniform

Tenue identique imposée à tous les membres d'un groupe exerçant une même profession, un même métier ou pratiquant un même sport. Ex.: uniforme d'hôtesse de l'air.

736. unisexe, n.m.
unisex

1° Terme collectif s'appliquant aux vêtements destinés à être portés indifféremment par les personnes des deux sexes. Ex.: boutique spécialisée
dans l'unisexe.

unisex

2° Désigne aussi la mode de ces vêtements. Ex.: Depuis quelques années l'unisexe fait fureur.

737. unisexe, adj.
unisex

1° Se dit d'un vêtement destiné à être porté indifféremment par les deux sexes. Ex.: tunique unisexe.

unisex

2° Se dit de la mode de ce type de vêtement. Ex.: La
mode unisexe plaît beaucoup aux jeunes.

V

738. vague, adj.
loose, loose-fitting

S'applique à un vêtement de coupe très ample, de
forme floue, qui tombe en s'évasant.

739. vareuse, n.f.
pea jacquet

1° Veste de certains uniformes militaires.

pea jacquet

2° Veste sport rappelant la vareuse des officiers et
quelquefois la chemise de laine des marins.

740. veste, n.f.
jacket

1° Vêtement à manches, coupé dans une étoffe de
bonne tenue, ouvert sur le devant et ne tombant
pas plus bas que les hanches. Il se porte sur une
chemise, un gilet, un tricot ou un corsage et peut
faire partie d'un ensemble.

REM. La veste d'un complet s'appelle plus spécialement **veston**
(voir ce terme), et celle d'un tailleur, **jaquette** (voir ce terme).

jacket, top

2° Par analogie, partie supérieure d'un pyjama.

Voir aussi **veste de laine.**

741. veste-chemise, n.f.
shirt jacket,
shirt-style jacket

Veste sport à manches longues, avec ou sans pans,
dont le style rappelle la chemise d'homme. Elle est
portée par les deux sexes et confectionnée dans des
matières plutôt légères, plus ou moins chaudes selon la saison.

742. **veste de laine,** n.f. *sweater, cardigan*	Tout tricot à grosses mailles, souvent à col rabattu, qui s'apparente à la veste. (Voir ill. n° 120.)
743. **veste d'intérieur,** n.f.	Synonyme de **veston d'intérieur** (voir ce terme) et de **coin de feu** (vieilli).
744. **vestiaire,** n.m.	1° Synonyme de **garde-robe** (voir ce terme). Ex.: La saharienne fait désormais partie du vestiaire de la femme moderne.
things	2° Ensemble des vêtements d'extérieur et des objets déposés au vestiaire. Ex.: Les spectateurs font la queue pour prendre leur vestiaire.
745. **veston,** n.m. *jacket, coat*	1° Veste qui fait partie du complet. Elle est droite ou croisée, cintrée ou non, couvre les hanches et comporte un col tailleur, des manches longues, ainsi que plusieurs poches. (Voir ill. n° 46.)

REM. Dans la langue courante, on nomme ce vêtement aussi bien **veste** (voir ce terme) que veston.

Formes fautives:
a) blouse (voir ce terme);
b) coat d'habit.

jacket	2° Jaquette de femme rappelant le veston.
tuxedo jacket	3° Veste du smoking.
746. **veston d'intérieur,** n.m. *smoking jacket*	Sorte de veste d'homme pourvue de manches longues, souvent à col châle et ceinture nouée (voir ill. n° 138), faite de soie, de satin ou de velours, utilisée comme vêtement de détente, chez soi. (Voir ill. n° 136.)

Syn.: **veste d'intérieur, coin de feu** (vieilli).

Forme fautive:
smoking (voir ce terme).

747. **vêtement,** n.m. *garment*	1° Chacun des objets qui servent à couvrir le corps tout en le protégeant ou l'ornant, à l'exclusion de certains accessoires (sacs, bijoux, etc.).
clothes, clothing	2° Au singulier collectif. Ensemble de ces pièces d'habillement. Ex.: Les dépenses pour le vêtement sont importantes dans le budget familial.
garment	3° Plus spécialt Vêtement de dessus par opposition à **sous-vêtement.**

On peut distinguer les catégories de vêtements suivantes:

evening wear	a) vêtements de soirée: somptueux, destinés aux réceptions et soirées mondaines.
dressy clothes	b) vêtements habillés (voir **habillé** 3°).
street clothes, townwear	c) vêtements de ville: discrets et d'une certaine élégance que l'on porte dans la journée.
casual wear, sportswear	d) vêtement sport: confortables, de tissu robuste et de style sobre. De nos jours, ils se portent à toute heure pour le voyage, la détente, le travail.
sportswear	e) vêtements de sport: adaptés à la pratique des sports.
indoor clothes, homewear	f) vêtements d'intérieur: que l'on porte chez soi, dans l'intimité.

Forme fautive:
homewear

748. **vêtement de dessus,** n.m.
outerwear, overgarment

Se dit des vêtements portés sur les sous-vêtements, et conçus pour l'intérieur et l'extérieur selon l'usage et le climat. Ex.: Le manteau, la robe, le complet, la veste, la jupe, le chemisier, le chandail sont tous des vêtements de dessus.

749. **vêtir,** v. tr.
to clothe, to dress

1° Aider quelqu'un à passer ses vêtements. Ex.: Vêtir un enfant, un malade.

to clothe, to dress

2° Par ext. Fournir des vêtements à quelqu'un qui en a besoin. Ex.: Vêtir les miséreux.

Se vêtir, v. pron.
to clothe oneself, to dress oneself

3° Mettre, passer ses vêtements. Ex.: On ne lui a pas laissé le temps de se vêtir.

750. **visière,** n.f.
peak, visor, vizor

1° Partie antérieure d'une casquette ou d'un casque qui avance au-dessus des yeux pour les protéger. (Voir ill. n° 260.)

Forme fautive:
palette

eyeshade

2° Sorte d'écran en forme de croissant souvent de matière ridige et translucide, que l'on porte sur le front pour protéger les yeux de la lumière trop vive. Il est habituellement assujetti autour de la tête par un ruban réglable ou élastique.

751. **voile,** n.m.
veil

Pièce de tulle, de dentelle ou d'une autre étoffe légère et diaphane, qui peut être coupée en forme de triangle, de carré, etc., de dimensions variables. Les femmes s'en couvrent la tête et parfois le visage dans certaines circonstances. Ex.: voile de mariée.

752. voilette, n.f.
hat veil, veil

Petit voile de tulle uni, brodé ou moucheté, qui sert de garniture à un chapeau. Il peut recouvrir entièrement ou partiellement le visage et se relever à volonté. La voilette se porte aussi parfois seule, en guise de coiffure.

753. volant, n.m.
flounce, frill, ruffle

Garniture faite d'une bande d'étoffe légère cousue sur un vêtement, et dont l'extrémité libre retombe en formant des plis. Ex.: manche bordée d'un volant; jupe à volants étagés. (Voir ill. n° 132.)

Formes fautives:
a) frill;
b) frison.

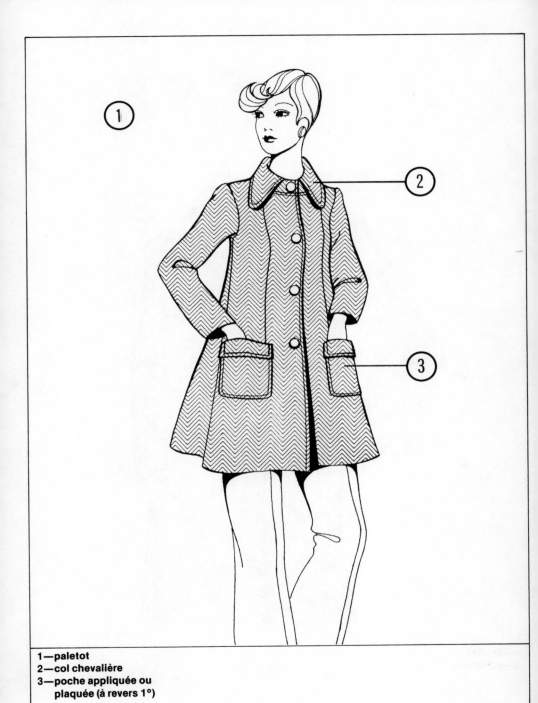

1—paletot
2—col chevalière
3—poche appliquée ou
   plaquée (à revers 1°)

4—paletot
5—col tailleur

6—pardessus
7—rabat 1°

123

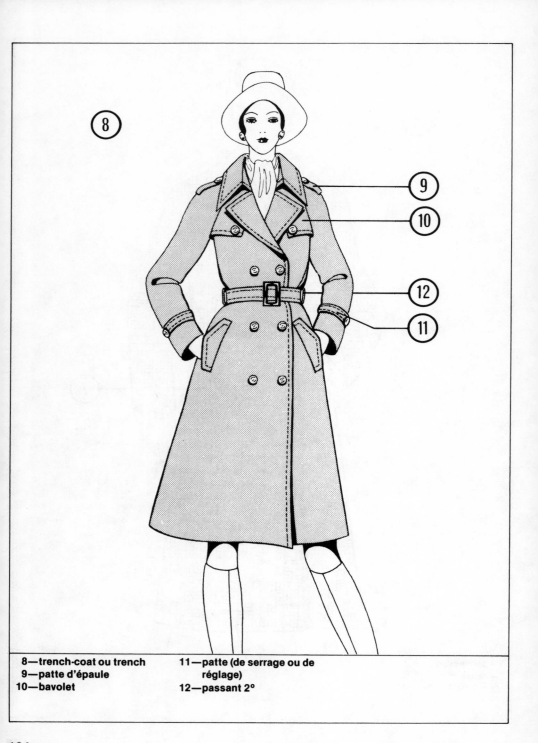

8—trench-coat ou trench
9—patte d'épaule
10—bavolet

11—patte (de serrage ou de réglage)
12—passant 2°

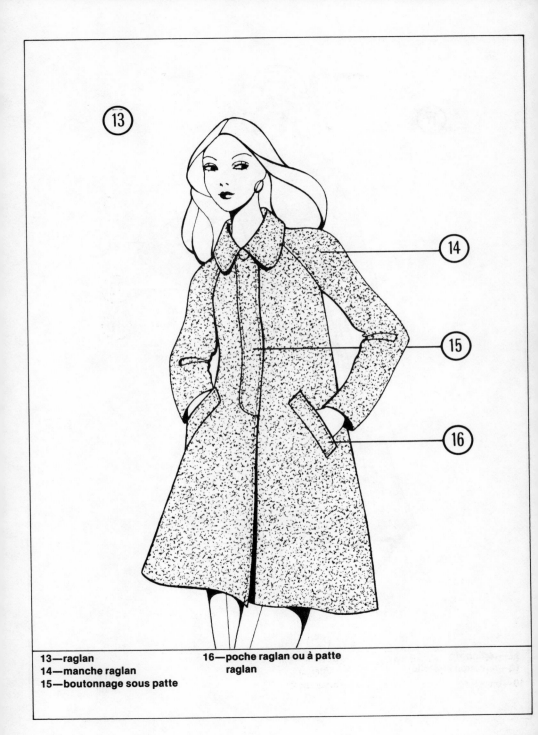

13—raglan
14—manche raglan
15—boutonnage sous patte

16—poche raglan ou à patte raglan

17—redingote
18—découpe (bretelle)

19—macfarlane
20—melon 1° ou chapeau
   melon
21—baguette

22—pèlerine 2°
23—chapeau de feutre ou
 feutre
24—bourdalou

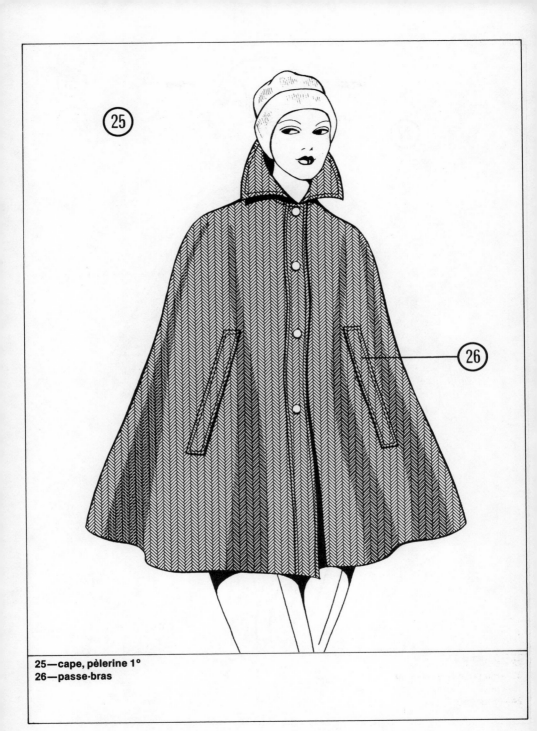

25—cape, pèlerine 1°
26—passe-bras

27—poncho 3°

28—canadienne

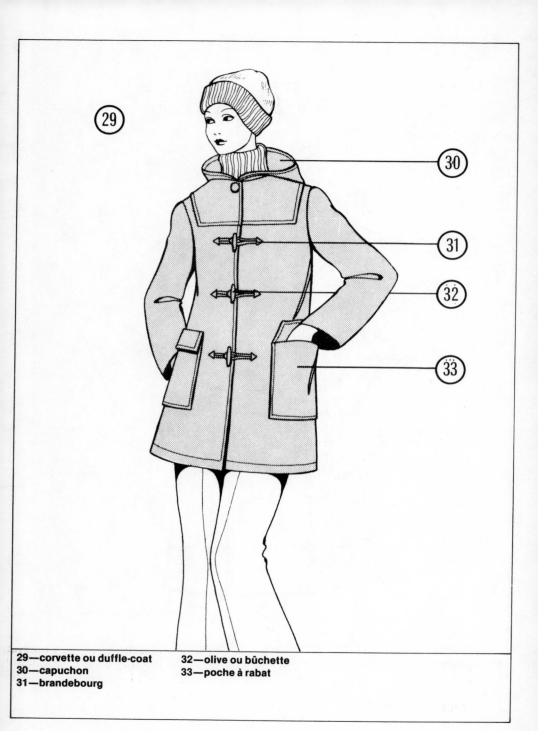

29—corvette ou duffle-coat
30—capuchon
31—brandebourg
32—olive ou bûchette
33—poche à rabat

34—parka
35—bonnet 1°
36—cordon 1° (de serrage) ou
    lacet 2° (coulissant)

37—patte de boutonnage 2°

38—caban 1°
39—poche repose-bras 1°
40—double boutonnage

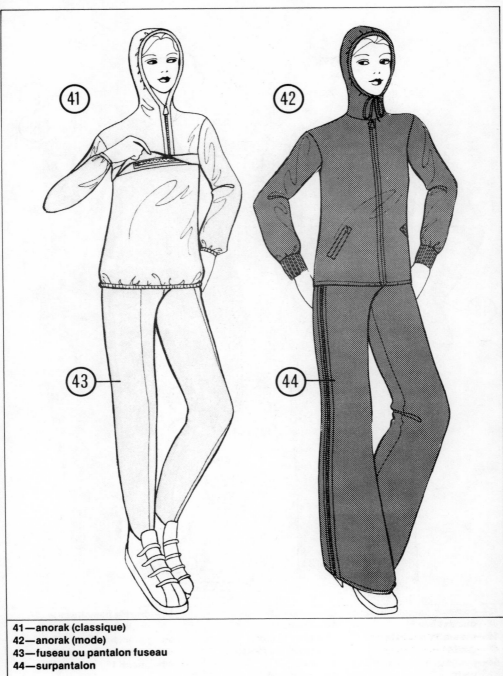

41—anorak (classique)
42—anorak (mode)
43—fuseau ou pantalon fuseau
44—surpantalon

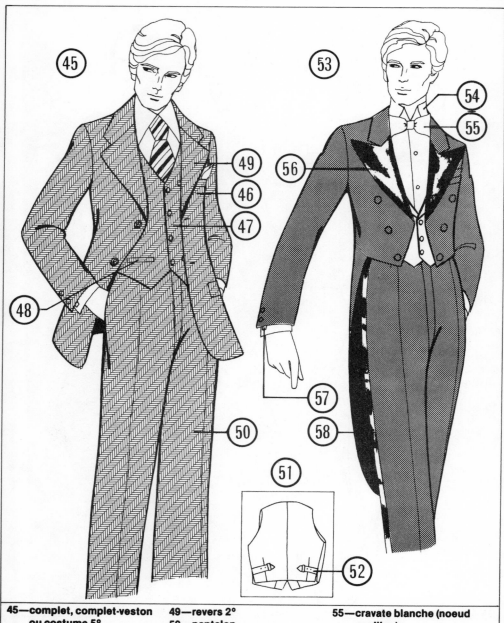

45—complet, complet-veston ou costume 5°	**49**—revers 2°	**55**—cravate blanche (noeud papillon)
46—veston 1° ou veste 1°	**50**—pantalon	**56**—parement 2° (de sole)
47—gilet 1°	**51**—gilet 1° (dos)	**57**—bouton de manchette
48—poche gilet ou poche à patte	**52**—tirant (de réglage)	**58**—queue 1°
	53—habit 3°	
	54—col cassé	

59—jaquette 1°
60—haut-de-forme,
   chapeau haut-de-forme
   ou chapeau de soie
61—basque 1°

62—smoking 1°
63—cravate noire (noeud
   papillon)
64—pochette 1°
65—pochette 3°

66—spencer 3°
67—Eton
68—spencer 2°

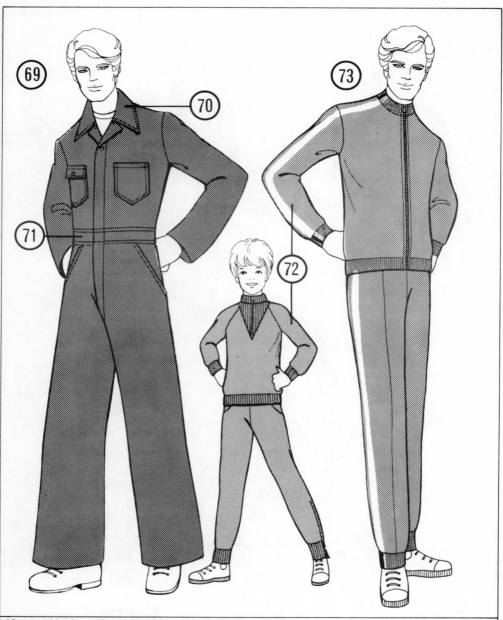

69—combinaison 2° ou bleu(s)
70—col transformable
71—ceinture incrustée

72—pull d'entraînement et
    blouson d'entraînement
73—survêtement

74—sarrau
75—col Claudine
76—empiècement
77—blouse 3° (de laboratoire)

78—chasuble ou robe-
 chasuble
79—tunique 2°
80—découpe (princesse)

81—encolure ras du cou
82—tablier taille
83—poche kangourou
84—coiffe 3°
85—tablier à thé (avec bavette 2°)

86—tout-en-un
87—combinaison-short
88—combinaison-pantalon

89—combinaison de
      gymnastique
90—corsage-culotte
91—patte d'entrejambe

92—bain-de-soleil
93—ceinture montée
94—brassière 1°
95—cache-coeur
96—attaches 2°
97—polo
98—patte polo
99—poche poitrine

100—liquette 1º
101—col chemisier (avec pied de col 1º)
102—manche chemisier
103—pan
104—liquette 2º
105—encolure dégagée
106—casaque 1º
107—lien 2º

108—blouson (sport)
109—blouson (mode)
110—braguette
111—saharienne

112—poche soufflet 2°
113—mackinaw

114—gilet de laine
115—débardeur 2°
116—col roulé 1°
117—tandem

118—pull ou pull-over
119—cardigan
120—veste de laine

121—robe enveloppe
122—jupe portefeuille
123—paréo

124—pantacourt
125—revers 1°
126—pantalon-jupe

148

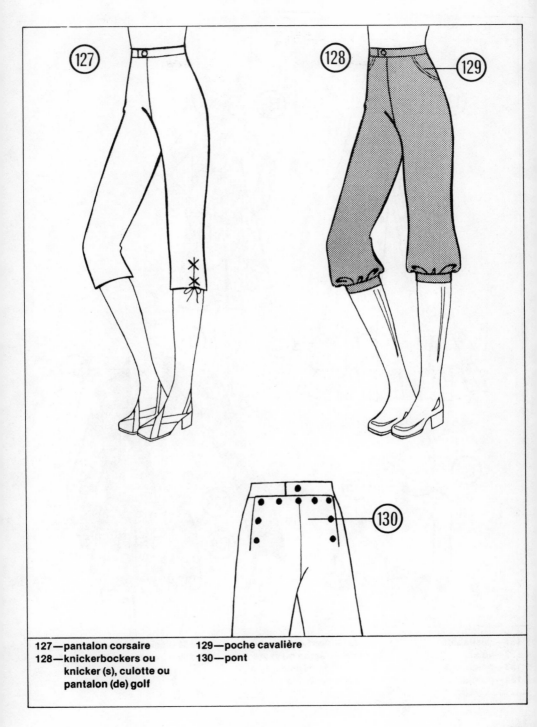

127—pantalon corsaire
128—knickerbockers ou
knicker (s), culotte ou
pantalon (de) golf

129—poche cavalière
130—pont

131—déshabillé
132—volant
133—peignoir 3°
134—polojama

135—bord-côte
136—veston ou veste
     d'intérieur
137—col châle

138—ceinture (nouée)
139—parement 1°

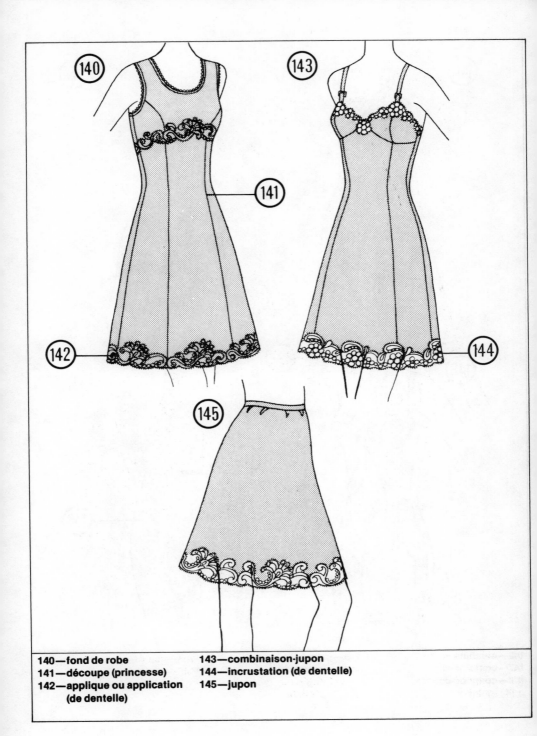

140—fond de robe
141—découpe (princesse)
142—applique ou application
    (de dentelle)

143—combinaison-jupon
144—incrustation (de dentelle)
145—jupon

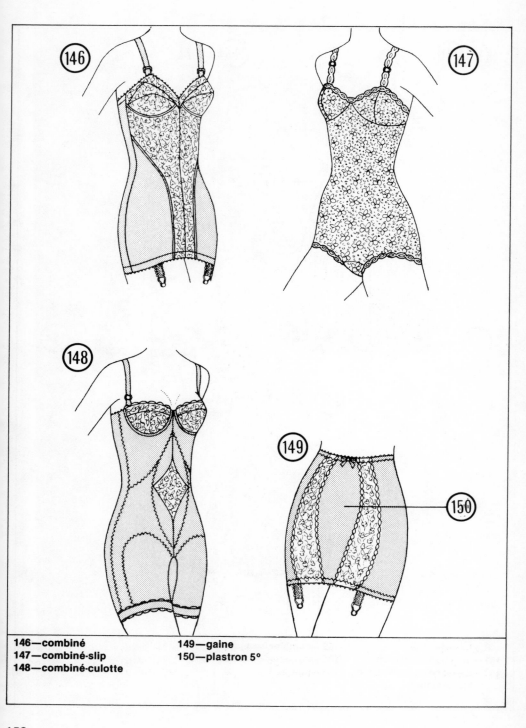

146—combiné
147—combiné-slip
148—combiné-culotte

149—gaine
150—plastron 5°

151—soutien-gorge	154—bretelle 1° ou épaulette 1°	157—soutien-gorge corbeille
152—basque 3°	155—soutien-gorge balconnet	158—bustier 1°
153—bonnet 2°	156—armature	159—bustier 2°

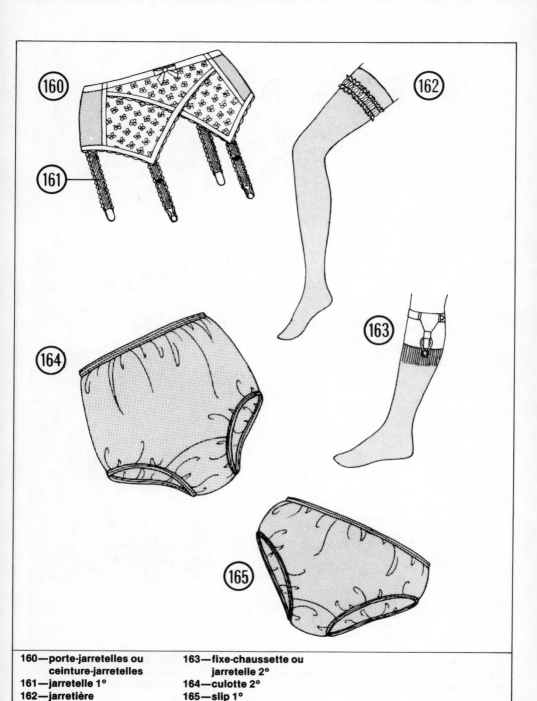

160—porte-jarretelles ou
      ceinture-jarretelles
161—jarretelle 1°
162—jarretière

163—fixe-chaussette ou
      jarretelle 2°
164—culotte 2°
165—slip 1°

166—caleçon (long)
167—caleçon (court)
168—combinaison 1°

169—grenouillère 2°
170—pied
171—nid d'ange

172—combinaison de nuit,
    grenouillère 1°
    ou dormeuse
173—esquimau

174—col montant 1°, col
       officier, col droit
       ou col debout
175—col chinois

176—brandebourg
177—encolure bateau
178—manche à même
179—col banane

180—décolleté en coeur
181—collerette 1°
182—encolure drapée
183—décolleté drapé

184—manche kimono
185—manche chauve-souris
186—manche bouffante
187—manche (à) gigot

188—manche marteau
189—mancheron
190—manche ballon

191—bracelet
192—manche pagode
193—manche montée

194—poignet mousquetaire ou
       manchette 1°
195—patte capucin

196—ceinture-corselet 1° ou corselet
197—corselet
198—laçage
199—lacet 1°
200—fronces
201—ceinture-écharpe
202—martingale 2°
203—ceinture coulissante
204—coulisse 1°
205—martingale 1°

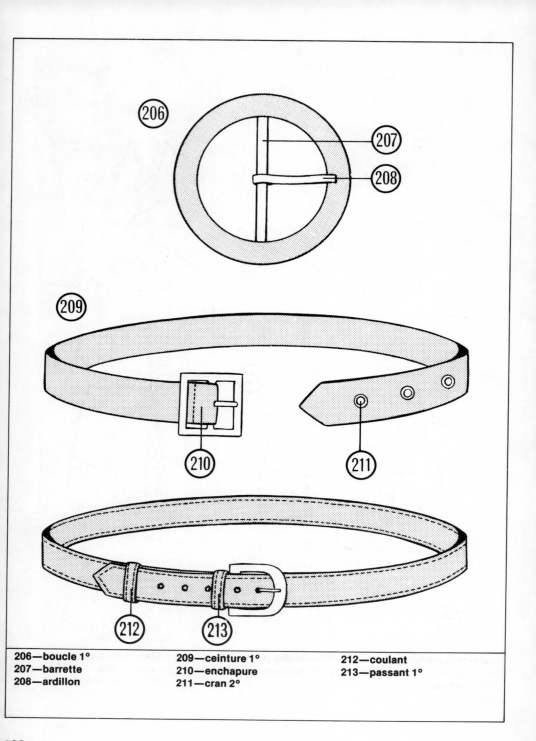

206—boucle 1°
207—barrette
208—ardillon

209—ceinture 1°
210—enchapure
211—cran 2°

212—coulant
213—passant 1°

162

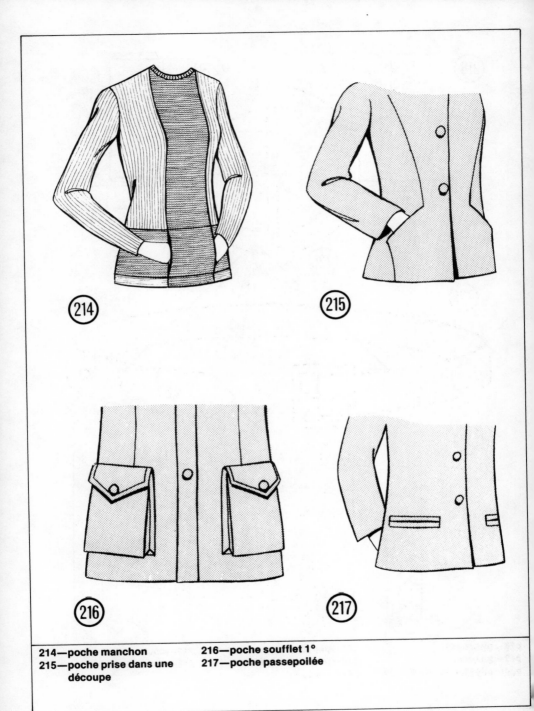

214—poche manchon
215—poche prise dans une
  découpe

216—poche soufflet 1°
217—poche passepoilée

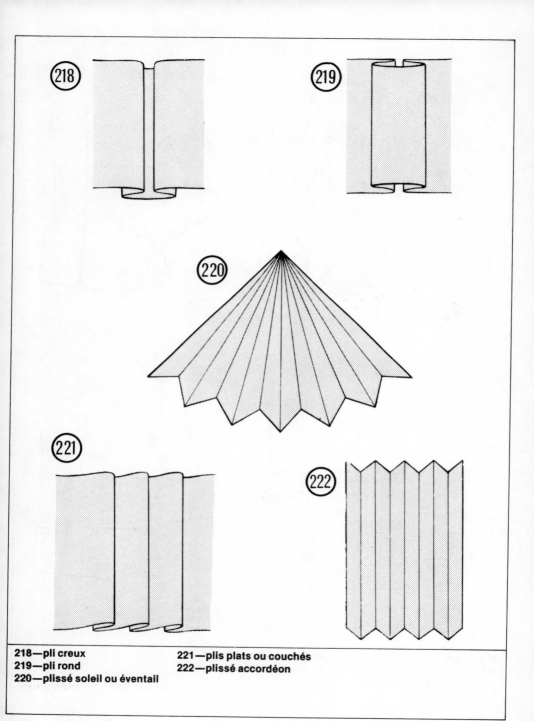

218—pli creux
219—pli rond
220—plissé soleil ou éventail
221—plis plats ou couchés
222—plissé accordéon

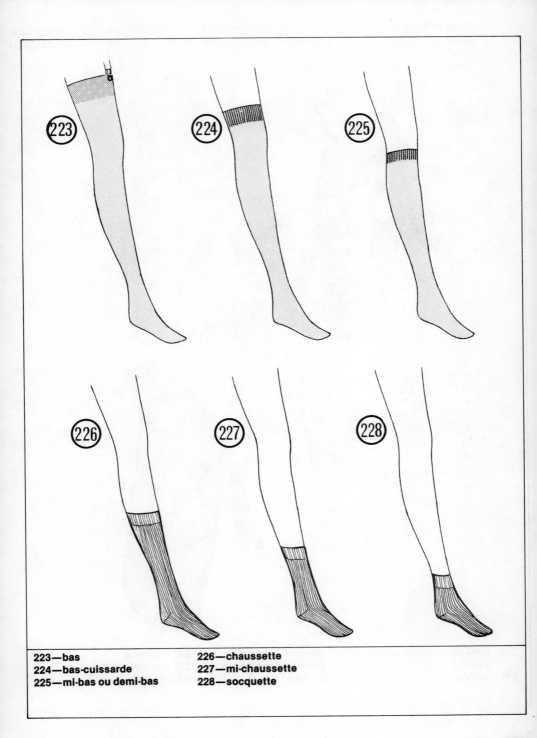

223—bas
224—bas-cuissarde
225—mi-bas ou demi-bas

226—chaussette
227—mi-chaussette
228—socquette

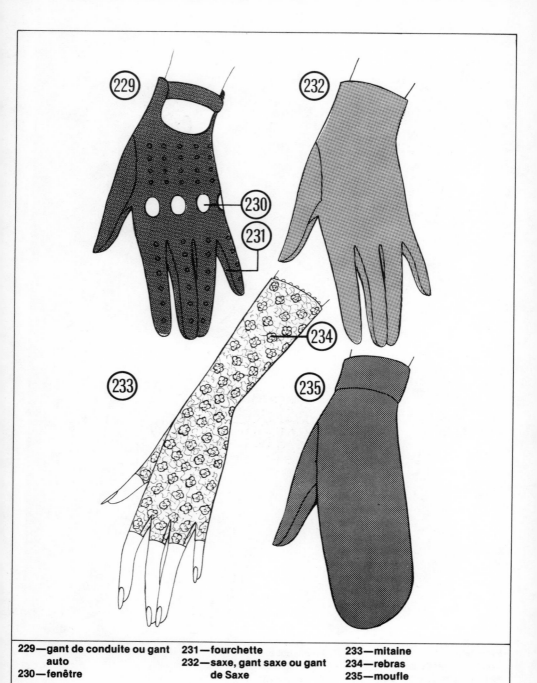

229—gant de conduite ou gant auto
230—fenêtre
231—fourchette
232—saxe, gant saxe ou gant de Saxe
233—mitaine
234—rebras
235—moufle

236—charlotte
237—tambourin
238—toque 1°
239—col boule

240—bob (bord relevé)
241—bob (bord baissé)
242—calotte 2°

243—col marin
244—modestie
245—suroît

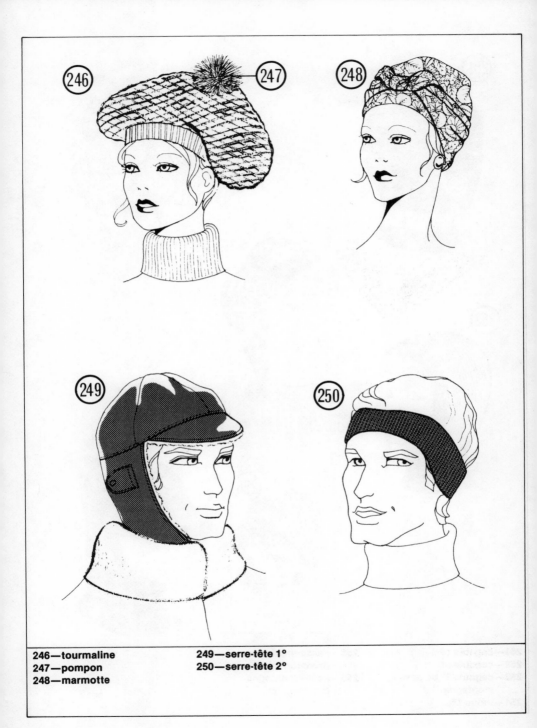

246—tourmaline
247—pompon
248—marmotte

249—serre-tête 1°
250—serre-tête 2°

251—cagoule 1°
252—cagoule 3°
253—cagoule 2° ou passe-
    montagne
254—tuque 1°

255—passe-montagne
    (transformable)
256—passe-montagne
    (transformé)

257—casquette capucin
258—côte
259—casquette
260—visière 1°

261—calot
262—calot (de fourrure)
263—calotte 1°

264—casque 1° (de motocycliste)
265—jugulaire (avec mentonnière 2°)
266—casque 1° (colonial)
267—bombe
268—casquette norvégienne, casquette de montagnard, ou casquette de skieur
269—rabat 2°
270—chapska

271—boa
272—cache-nez

273—ascot (nouée)
274—ascot
275—cravate club

276—lavallière ou cravate
      lavallière

Index des termes anglais

a

Accordion pleats: 538
Adjustable sleeve tab: 514
Adjustable strap: 81
Adjustable waist tab: 704
After-ski sock: 154
All-nude panty hose: 20
Almost-elbow length glove: 358
Ankle sock: 661
Anklet: 661
Anorak: 4
Apache tie: 240
Appliqué: 6
Apron: 687
Apron-string: 220
Armhole: 288, 304
Armscye: 288, 304
Arm slit: 510
Ascot tie: 9
Assomption sash: 131
Athletic shirt: 362, 427
Athletic undershirt: 362
Attached: 700
Attached collar: 202
Attire: 468

b

Babushka: 315
Baby doll: 480
Baby-linen: 413
Back (of a garment): 277
Back belt: 457
Back hip pocket: 571
Back pocket: 571
Bag: 541
Bag-sleeve: 435
Balaclava helmet: 511
Band collar: 185
Bandeau: 14
Bar: 16
Bare midriff ensemble: 271
Barrel cuff: 579
Bateau neck(-line): 294
Bathing-cap: 50
Bathing slip: 658
Bathing suit: 228, 229, 427, 429
Bathing-trunks: 100
Bathrobe: 522, 626, 651, 662
Bath-wrap: 662

Battle jacket: 42
Batwing sleeve: 436
Beach dress: 631
Bed jacket: 421
Bedsock: 154
Be fond of dress, to: 706
Bell bottoms: 494
Bellows pocket: 572
Belt: 126
Belt loop: 508
Beret: 31
Bermuda shorts: 32
Bertha: 33
Bertha collar: 33
Bib: 27, 28, 528
Bibbed apron: 688
Bib overalls: 647
Bib-top apron: 688
Bikini: 34
Bikini briefs: 658
Bikini panties: 658
Binding: 696
Bishop sleeve: 435
Black tie: 244
Blazer: 35
Blind tuck: 534
Bloomers: 58, 249
Blouse: 38, 64, 161, 222, 650
Blouse, to: 39
Bloused: 37
Blouson: 42
Boa: 45
Boater: 105
Boat neck(-line): 294
Bobby-sock: 661
Bodice: 127, 221, 222, 224
Body: 221
Body shirt: 223
Body stocking: 213, 214, 715
Body suit: 214, 223, 427
Body sweater: 427
Bolero: 47
Bolton thumb: 592
Bonnet: 30, 51
Bootee: 154
Boot lining: 154
Boot sock: 154
Border: 52
Bosom: 528
Bottom binding: 696

Bottom of collar: 527
Boudoir cap: 151
Bow collar: 185, 195
Bowler hat: 460
Bow tie: 412, 478
Boxers: 99, 657
Boxer shorts: 99
Boxer-waist: 657
Box pleat: 531, 535
Boxy: 284
Bra: 672
Braces: 81
Bra form: 237
Bra slip: 211
Brassiere: 80, 672
Brassiere cup: 49
Breadth: 117
Break line: 125
Breast pocket (inside): 565
Breast pocket (outside): 564
Breathing band: 24
Breathing waist: 24
Breeches: 248
Breton: 82
Breton hat: 82
Briefelette: 213, 214
Briefs: 98, 248
Brim: 52, 509
Broad-brimmed (sun-)hat: 108
Broad welt side pocket: 569
Buckle: 57
Buckled tab: 704
Buckle-loop: 292
Bunting bag: 85, 476
Burnoose: 85
Burnous: 85
Bush jacket: 646
Bush shirt: 646
Business suit: 215
Bust pad: 237
Button: 66
Button, to: 73
Button-and-chain closing: 71
Buttoned placket: 517, 519
Buttonhole: 74
Buttoning: 72
Button up, to: 73

c

Caftan: 95
Calot: 102
Camisole: 90
Cap: 49, 51, 120, 167, 709
Cap-band: 14
Cape: 107, 192, 523

Capeline: 108
Cap sleeve: 445
Capuchin: 110
Capuchine: 110
Caraco: 114
Car coat: 486
Cardigan: 115, 363, 742
Carrier: 508
Casing: 235
Casque: 119
Casual: 714
Casual wear: 747
Catch: 7
Cat suit: 715
Center back vent: 323
Chape: 16
Chemise: 205
Chemisette: 159
Chimney collar: 179
Chinpiece: 461
Chin-strap: 397
Claw-hammer: 601
Claw-hammer coat: 602, 603
Cloak: 107, 450, 451
Cloche: 164
Cloche hat: 164
Clothes: 377, 747
Clothe, to: 376, 749
Clothe oneself, to: 749
Clothe oneself in, to: 618
Clothing: 375, 747
Cloud: 173
Club tie: 242
Coat: 391, 451, 745
Coat-dress: 638
Cocktail dress: 624
Coif: 167
Collar: 171, 192
Collar button: 68
Collaret: 191
Collarette: 191
Collar fall: 707
Collar point: 583
Collar-scarf: 185
Collar stand: 527
Combinations: 204
Come undone, to: 261
Comforter: 92
Contour bra: 677
Contoured: 300
Convertible: 720
Convertible collar: 203
Convertible hood collar: 176
Coordinates: 218
Cord: 219, 220

Corsage: 222
Corselet: 127, 212
Corselette: 212
Corset: 225
Corset cover: 90
Corseted: 226
Costume: 228, 377
Couture: 381
Couturier: 381
Coveralls: 204
Cover (the head), to: 168
Covered button: 76
Cover-up: 91
Cowl: 111
Cowl collar: 176, 200
Crash-helmet: 655
Crawler(s): 15
Crease: 319, 529
Crease line: 125
Creeper(s): 15
Crew neck: 298
Cricket cap: 121
Cross-over top: 88
Crotch: 301, 307, 336, 368
Crotch piece: 513
Crown: 102, 331
Crusader cap: 97
Crusader hood: 97
Cuff: 23, 448, 503, 577, 615
Cuff link: 69, 71
Culotte-skirt: 399
Cummerbund: 129
Curler cap: 151
Cut a low neckline, to: 259
Cut a neckline
    décolleté, to: 259
Cutaway armhole: 289
Cutaway coat: 391
Cutaway shoulder: 289
Cut-out: 320

d

Decolletage: 253
Décolleté: 254, 255
Décolleté bra: 676
Derby: 460
Detachable collar: 172, 318
Dickey: 470, 528
Dicky: 470, 528
Dinner coat: 660
Dinner dress: 627
Dinner jacket: 660
Divided skirt: 399
Djellaba: 274
Dog ear collar: 174, 189

Dolman sleeve: 436
Domed: 595
Dome fastener: 75
Dorm set: 480
Double breast closing: 278
Double-breasted: 246
Double-breasted
        buttoning: 278
Double cuff: 580
Drape: 281
Drape, to: 283
Drape oneself, to: 283
Draped: 282
Draped neckline: 256, 296
Drawers: 98
Drawstring: 220, 235, 410
Drawstring waist: 128
Dress: 228, 377, 619, 701, 706
Dress, to: 376, 749
Dress-coat: 377
Dressed: 374
Dressed up: 374
Dress in, to: 376
Dress (someone) in, to: 376
Dressing: 373
Dressing gown: 626, 651
Dress oneself, to: 376, 749
Dress-preserver: 270
Dress suit: 377
Dress up, to: 376
Dress up as, to: 376
Dress up (someone) as, to: 376
Dress with halter bodice: 620
Dressy: 374
Dressy clothes: 747
Drop seat: 490
Duffle coat: 227
Dungarees: 36, 233, 647
Duster: 93, 522

e

Ear-flap: 483
Easy to dress: 372
Edge: 52
Edge-to-edge: 53, 54
Edging: 512
Ensemble: 302
Epaulet: 308, 518
Epaulet sleeve: 441
Epaulette: 308, 518
Eton jacket: 678
Eton suit: 311
Evening dress: 377, 634
Evening gown: 634
Evening wear: 747

Evening wrap: 663
Eyelet: 481
Eyeshade: 750

f

Face mask: 97
Facing: 503, 504
Fall: 589, 708
False pocket: 317
Falsie: 237
Fancy dress: 228
Fan pleats: 540
Fastener: 10
Fastening: 10
Fatigue dress: 64
Felt hat: 143
Fichu: 328, 583
Fishnet stocking: 25
Fit, to: 2, 376
Fitted: 162
Fitted sleeve: 438
Fitting snugly: 593
Flap: 589, 604
Flap pocket: 547, 574
Flare: 367
Flat collar: 197
Floating panel: 488
Flounce: 753
Fly: 78
Fly front closing: 72, 513
Fob pocket: 558
Foot: 526
Footglove: 154
Foot sock: 154
Footstrap: 669
Fork: 301, 307, 336
Formal: 377
Formal (dress): 706
Formally dressed: 374
Foundation garment: 671
Foundation slip: 333
Four-button length glove: 348
Fourchette: 337
French buttonhole: 512
French cuff: 580
Frill: 753
Frog: 79
Front (of a garment): 272
Front top pocket: 549
Front wrap top: 88
Full dress: 377
Furbelows: 313
Fur hat: 709
Fur lined: 338
Fur-lined coat: 524

Fur-lined glove: 354
Fur neckpiece: 239
Furred: 338

g

Gabardine raincoat: 344
Gaiter: 371
Gandoura: 347
Gandourah: 347
Gape, to: 12
Garb: 468, 701
Garment: 747
Garrison-cap: 101
Garter: 330, 392, 393
Garter belt: 590
Gather: 341
Gathering: 342
Gauchos: 491
Gauntlet: 245, 609
Gauntlet cuff: 580
Get one's clothes
        from..., to: 376
Girdle: 345
Glove: 348
Glove, to: 353
Glove finger: 275
Glove oneself, to: 353
Gob hat: 46
Godet: 367
Golf hose: 463
Gore: 367, 414, 490
Gown: 522, 619, 634
Greatcoat: 109, 382
Gun flap: 29
Gun patch: 29
Gusset: 368, 525, 664
Gym romper(s): 206

h

Habit: 377
Hairnet: 614
Half-apron: 691
Half-belt: 457
Half-hose: 153
Half-slip: 403
Halter top: 13
Halter top dress: 620
Hand(-)warmer pocket: 570
Hand(-)warmer pouch: 560
Hanger loop: 84
Hat: 141
Hatband: 63, 220
Hat lining: 167
Hat shape: 334
Hat veil: 752

Haute couture: 381
Headband: 305, 655
Head-dress: 167
Headgear: 169
Head scarf: 116, 315, 328
Head size: 305, 712
Headwear: 169
Heel: 695
Helmet: 97, 119
Hem: 52
High collar: 194
High necked (garment): 297
High silk hat: 379
High style dressmaking: 381
Hole: 238
Homewear: 747
Honeycomb stitch
    smocking: 477
Hood: 97, 110, 111
Hooded cape: 523
Hook and eye: 1
Horizontal tuck: 534
Hose: 17
Hostess gown: 632
Hostess robe: 632
Hot pants: 210, 656
House-coat: 633
House dress: 642

i

Indoor clothes: 747
Infant bodice: 80
Inseam: 307
Inset: 386
Inset belt: 132
Inset pocket: 567, 568
Inside button: 70
Insignia button: 67
Interfacing: 724
Interlining: 306, 724
Inverness cape: 424
Inverted pleat: 531, 535

j

Jabot: 388
Jacket: 118, 391, 740, 745
Jeans: 394
Jellaba: 274
Jersey: 395
Jewel neck: 298
Jodhpurs: 396
Jogging suit: 686
Jumper: 152
Jumper-blouse: 118
Jumpsuit: 209, 369

k

Kaftan: 95
Kangaroo pocket: 559
Keeper: 234, 508
Kepi: 404
Kerchief: 116, 315, 328, 456,
    472, 583
Kick pleat: 532
Kilt: 405
Kimono: 406
Kimono dress: 637
Kimono sleeve: 440
Knee-breeches: 248
Kneecap: 360
Knee-high stocking: 463
Knee length: 140
Kneepad: 360
Knee-warmer: 360
Knickerbockers: 408, 498
Knife pleat: 533

l

Lab coat: 38
Lace: 410
Lace tab: 326
Lacing: 409
Lap: 24
Lapel: 615
Leg: 389, 703
Legging: 390
Leg-of-mutton sleeve: 439
Leg tab: 514
Leotard: 415, 427
Lined glove: 354
Linen: 417, 419
Liner: 279
Lingerie: 419
Lining: 279
Little skirt: 402
Long-sleeve skirt: 362
Loop: 83, 705
Loose: 738
Loose-fitting: 422, 738
Loosely tied bow: 412
Low-cut neck: 253
Low-cut neckline: 253

m

Macfarlane: 424
Mackinaw: 425
Mackinaw coat: 425
Mackintosh: 106
Made-to-measure: 680
Made-to-order: 680

Maillot: 427
Make, to: 312
Make clothes for, to: 376
Mandarin collar: 182, 196
Mantelet: 453
Mantilla: 454
Mantle: 450, 523
Mantlet: 453
Martingale: 457
Maternity dress: 630
Maxi-: 458
Maxi: 459
Measurement: 462
Mid-arm length glove: 356
Middy blouse: 455
Midi: 465
Midriff band: 24
Midriff top: 80
Mini-: 466
Mini: 467
Mini bikini: 94
Mini-shirt: 420
Mini shirtdress: 420
Mini-skirt: 402
Mitt: 469
Mitten: 469, 473
Mob-cap: 151
Mock pocket: 317
Mock turtleneck: 179
Modesty: 470
Monokini: 471
Morning coat: 391
Morning wrap: 474
Morning wrapper: 522
Muffler: 92, 479
Multi-adjustable straps: 81
Musketeer cuff: 449

n

Narrow cuff: 77
Neck: 254, 293
Neckerchief: 472
Neckhole: 293
Necklet: 710
Neckline: 254, 293
Neck opening: 293
Neck size: 293
Necktie: 239
Negligee: 267, 474, 651
Net stocking: 25
Nightgown: 157
Notch: 238
Notch(ed) collar: 184
Notched lapel: 616
Nude heel: 648

o

Oilskins: 163
One size: 692
Opening: 320
Opera hat: 379
Outerwear: 748
Outfit: 701, 706
Outseam: 550
Overall: 64, 690
Overalls: 36, 233, 647
Over-blouse: 38, 118
Overcoat: 485, 502, 685
Over-elbow length glove: 355
Overgarment: 748
Overknee sock: 18
Overshirt: 160
Oversleeve: 448

p

Padded bra: 677
Pagoda sleeve: 443
Painter's beret: 314
Pajamas: 600
Palazzo-pants: 499
Palm: 290
Panama hat: 489
Panel: 414, 490, 528
Pantie corselette: 213
Pantie-girdle: 346
Panties: 248
Pantilette: 213
Pants: 248, 493
Pantskirt: 399
Pantsuit: 303, 492
Panty hose: 19
Pareo: 505
Pareu: 505
Parka: 4, 506
Patch: 613
Patch pocket: 546
Pea jacket: 87, 739
Peak: 750
Peaked cap: 404
Peaked lapel: 238
Pedal-pushers: 495
Peignoir: 522
Pelerine: 523
Pelisse: 524
Peplum: 24
Peter Pan collar: 183
Pillbox: 697
Pinafore: 687
Pin-tuck: 475
Piping: 512

Piping trim: 191
Placket: 513
Pleat: 529
Pleated: 537
Pleated pocket: 572
Pleating: 536
Plunging neckline: 258
Pocket: 541
Pocket flap: 604
Pocket handkerchief: 575
Pocket set into seaming: 568
Pointed tab end: 516
Polo collar: 198
Polojama: 586
Polo shirt: 585
Pom: 587
Pompon: 587
Poncho: 588
Prêt-à-porter: 596
Princess dress: 641
Pucker: 367, 370, 541
Pucker, to: 366
Puff: 58, 62
Puffed: 59
Puffed collaret: 62
Puff(ed) sleeve: 435
Pull-on girdle: 346
Pullover: 597, 723
Pullover vestie: 252
Pull-tab: 705
Push up bra: 674
Put a hat on someone, to: 168
Put on, to: 299, 618
Put on a hat, to: 168
Put on clothes, to: 376
Put on one's hat, to: 168
Pyjamas: 600

q

Quilted robe: 280

r

Racer glove: 351
Racing glove: 351
Raglan: 605
Raglan sleeve: 444
Raincoat: 385, 452
Ready-made: 217, 596, 716, 717
Ready-to-wear: 217, 596, 716
Redingote: 610
Reefer: 87
Reinforced: 612
Reinforced toe: 583
Reinforcement: 613
Reversible: 617
Ribbing: 55

Rib trimming: 55
Riding breeches: 250
Riding cap: 48
Ring collar: 175
Robe: 522
Roll(ed) collar: 200
Romper(s): 15
Ruche: 645
Ruching: 645
Ruck up, to: 366
Ruffle: 753
Ruffled cuff: 448
Run: 287
Run, to: 329
Runproof: 387
Run-resistant: 387

s

Saddle shoulder: 441
Safari jacket: 646
Sailor blouse: 455
Sailor collar: 193
Sailor hat: 105
Sailor suit: 230
Sandal foot: 648
Sarong: 505, 649
Sash: 130, 286
Scarf: 89, 286, 335
Schapska: 150
Scoop neckline: 295
Scoop pocket: 549
Seaming: 260
Seam pocket: 567
Seat: 331
Section: 232
Self button: 76
Self-covered button: 76
Separates: 218
Set-in sleeve: 442
Shank: 601
Shape: 334
Shawl: 138
Shawl collar: 178
Sheath: 339
Sheath skirt: 400
Sheepskin jacket: 104
Shield: 270
Shift dress: 643
Shin-guard: 390
Shin-pad: 390
Shirr, to: 61
Shirring: 60
Shirt: 155, 159, 161
Shirt collar: 180
Shirt-frill: 388

Shirt-front: 528
Shirt jacket: 741
Shirt sleeve: 437
Shirt-style jacket: 741
Shirt-tail: 488
Shirtwaist: 38, 161
Shirtwaist dress, 622
Shoelace: 410
Shoepack: 154
Shoestring: 410
Shortie: 350
Short puff(ed) sleeve: 434
Shorts: 98, 656
Shorty: 350
Shoulder flap: 29
Shoulder pad: 308
Shoulder-strap: 81
Shoulder tab: 518
Shrink: 252
Side pocket: 550
Side vent: 322
Single-breasted: 284
Singlet: 362
Size: 584, 692
Size of collar: 293
Size of neck: 293
Ski cap: 123
Ski jacket: 4
Ski pants: 343, 501
Ski suit: 228
Skirt: 24, 398
Skirt foundation: 332, 668
Skull-cap: 102
Slacks: 493
Slash: 321
Slash pocket: 551
Sleeper: 207
Sleeping suit: 207
Sleeve: 431
Sleeve cap: 702
Sleeve link: 71
Sleeve tightener: 514
Slicker: 163
Slide fastener: 324
Slider: 324, 705
Sliding ring: 234
Slims: 343
Slip: 208, 333, 658
Slop: 650
Slop pocket: 567
Slouch hat: 148
Small pocket: 575
Smock: 38, 650, 687, 690
Smocking: 659
Smock top: 114, 684

Smoking jacket: 746
Snap: 75, 595
Snood: 614
Snow-cuff: 501
Snowsuit: 309
Sock: 153, 464
Soft felt hat: 148
Sole: 654
Southwester: 681
Spat: 263, 371
Spencer: 678
Sportswear: 747
Squall: 4
Stand-up collar: 186, 196
Stay-up hose: 22
Step-in girdle: 346
Step-ins: 248
Stiffening: 724
Stitching: 11
Stocking: 17
Stocking cap: 732
Stocking-top shoe: 154
Stole: 286, 310
Storm cuff: 236
Storm tab: 236
Straight: 284
Straight collar: 187
Straight skirt: 400
Strap: 81, 513
Strapless bathing suit: 86
Strapless brassiere: 86
Strapless evening gown: 86
Strapless top: 86
Straw hat: 484
Street clothes: 747
String: 83, 220
String tie: 219
St. Tropez shirt: 420
Stud: 68
Suit: 204, 215, 228, 693
Suit, to: 2, 376
Sunburst pleat: 540
Sundress: 620, 631
Sunray pleats: 540
Sun-top: 13
Support hose: 21
Surcoat: 382
Surtout: 685
Suspenders: 81
Swaddling-clothes: 427
Sweatband: 247
Sweater: 139, 723, 742
Sweat pants: 686
Sweat shirt: 598, 686
Sweat suit: 686

Sweetheart neckline: 257
Swimsuit: 229, 427, 429

t

Tab: 513
Tab closing: 517
Tag: 326
Tail: 24, 488, 601
Tailcoat: 377
Tailored collar: 201
Tailored sleeve: 446
Tails: 377
Tam: 713
Tam-o'-shanter: 713
Tank top: 252
Tapering trousers: 343
Tassel: 487
Tea apron: 689
Tea-gown: 625
Tee-shirt: 699
Tennis skirt: 402
Thigh-high stocking: 18
Things: 744
Three-piece: 725
Three-quarter coat: 726
Three-quarter sleeve: 447
Thumb: 591
Ticket pocket: 573
Tie: 83, 416
Tie belt: 416
Tie collar: 185
Tights: 190, 427
Tight sleeve: 438
Tiny sleeve: 445
Toe: 583
Toggle: 79, 227
Tongue: 7
Top: 378, 740
Topcoat: 265, 485, 502
Topee: 119
Top hat: 379
Topi: 119
Top stitching: 683
Toque: 49, 709, 732
Towner: 747
Train: 718
Training suit: 686
Trench coat: 722
Triangular fichu: 583
Triangular insert: 576
Trim: 52
Trim (armhole): 191
Trim (neckline): 191
Trotteur: 727
Trousers: 493

Trouser strap: 669
Trousseau: 729
Trunks: 658
T-shirt: 699
Tuck: 475
Tunic: 731
Tuque: 732
Turban: 733
Turn back cuff: 580
Turn-down collar: 199
Turn-down flap: 615
Turned-over collar: 199
Turnover: 615
Turn-up: 23, 615
Turtleneck: 200
Tuxedo: 660
Tuxedo jacket: 660, 745
Twill raincoat: 344
Twin-set: 698
Two-piece: 271
Two-piecer: 271
Two-piece swimsuit: 271
Two-way collar: 203
Two-way cuff: 582
Two-way patch pocket: 570

u

Unclothe, to: 273
Underbust insert: 613
Underclothes: 269
Underclothing: 269
Undergarment: 670
Underlinen: 417
Undershirt: 155, 362, 427, 723
Understocking: 666
Under-strap: 669
Undervest: 723
Underwear: 269, 417, 670
Underwiring: 8
Undo, to: 261
Undo one's clothing, to: 261
Undress, to: 268, 273
Undress oneself, to: 268, 273
Unfasten, to: 261
Unhook, to: 261
Uniform: 735
Union suit: 204
Unisex: 736, 737
Unmounted sleeve: 433

v

Veil: 751, 752
Vest: 80, 103, 155, 361, 427
Visor: 750
Vizor: 750
V-neck cardigan: 363

w

Waist: 222
Waistband: 126, 134
Waist belt: 137
Waistcoat: 361
Waisted: 162
Waistline: 692
Waist measurement: 711
Walking (skirt, costume, dress): 728
Walking pleat: 532
Wardrobe: 359
Warm-up pants: 682
Watch pocket: 558
Waterproof: 106
Wear a low-necked dress, to: 259
Wedge-style cap: 101
Welt: 52, 55, 513
Welt pocket: 557, 562
Western pocket: 549
Whaleboned collar: 173
White tie: 241
Windbreaker: 42
Wind-jacket: 4
Wing collar: 177
Wire: 8
Woolen(s): 411
Wrap: 451
Wraparound dress: 635
Wraparounder: 635
Wraparound skirt: 401
Wrap-over top: 80, 88
Wrapper: 474, 626
Wrap skirt: 401
Wrinkle: 319, 370
Wrist: 577
Wrist-band: 577, 615

y

Yoke: 291

z

Zipper: 324

Index des formes fautives ou à déconseiller

a

Âge: 692
Appliqué: 6
Autocoat: 486

b

Bande de jambe: 52
Bande de taille: 134
Bas: 153
Bas au genou: 463
Bas aux chevilles: 661
Bas court: 661
Bas-culottes: 19
Bas de relaxation: 21
Bas de soutien: 21
Bas golf: 463
Basque: 24, 615
Bas-support: 21
Bermudas: 32
Blouse: 38, 745
Bonnet boudoir: 151
Bord: 52
Bouton jumelle: 71
Boutonnière française: 512
Brassière: 80, 672
Brassière paddée: 677
Butin de corps: 417

c

Cagoule: 4, 97
Calotte: 102, 120
Canadienne: 104, 227
Capine: 49, 51
Capot: 502
Car coat: 486
Casque: 49, 101, 119, 709
Casque de bain: 50, 119
Ceinture insérée: 132
Chausson: 153, 154
Chienne: 38
Coat d'habit: 745
Coffre: 615
Col: 171, 239, 318
Col baveux: 176
Col deux façons: 203
Collants: 190
Collerette: 191, 523
Collet: 171, 318
Combinaisons: 204

Corps: 103, 221
Corsé: 226
Corselette: 212
Costume matelot: 230
Coupe-vent: 42, 236
Couvre-tout: 38, 690
Craquée (jupe): 538, 540
Cuff: 615

d

Découpe: 260, 320
Demi-jupon: 403
Double breast: 246
Douillette: 280

e

Écharpe: 116, 286, 328, 472
Écolleté: 255
Enveloppe: 85

f

Faire: 2, 312
Fale: 470
Fiter: 2
Flaille: 78
Foulard de laine: 335
Frill: 753
Frison: 753

g

Ganse: 83, 84, 508
Godé: 366, 367
Grandeur: 692

h

Habit: 215, 228, 377
Habit (au fém.): 377
Habit à la française: 39
Habit de neige: 309
Habit de ski-doo: 204
Homewear: 747
Hot pants: 210, 656

i

Insertion: 613

j

Jaquette: 157, 391
Jaquette d'hôpital: 391

Jarretière: 392, 393
Jarretière ronde: 393
Jean (au fém.): 394
Jeans: 394
Jumelle: 71
Jumper: 152
Jupon: 208, 403
Jupon à la taille: 403

k

Képi: 120, 404
Kimono: 406, 626

l

Laize: 414
Lapel: 615
Lavallière: 9, 412

m

Masque: 97
Matelot: 230
Menotte: 469
Mini-bas: 154
Mitaine: 469, 473

n

Net (à cheveux): 614

o

Overalls: 647

p

Pad: 308
Padding: 308
Paire de culottes: 248
Paire de jeans: 394
Paire de pantalons: 493
Palette: 750
Panneau: 490, 528
Pantalon long: 493
Pantalons: 493
Parka: 4, 506
Patte: 154, 513, 526
Péplum: 24
Pli de marche: 532
Poche insérée: 567, 568
Poche menteuse: 317
Poignet deux façons: 582
Poignet tempête: 236
Pydjama: 600
Pyjamas: 600

q

Queue de chemise: 488, 601

r

Renforci: 612
Run: 287

s

Sac de couchage: 85
Salopettes: 647
Sarrau: 38, 650
Sash: 130
Short: 656
Shorts: 98, 656
Slip: 208, 658
Smock: 690
Smoking: 660, 743
Snowsuit: 309
Socquette: 154, 661
Soufflet: 368, 664
Sous-bras: 270, 667
Station-wagon: 104
Stud: 68, 69
Suit: 309
Sweat shirt: 598

t

Tirette: 324
Toilette, de: 374, 706
Trousseau: 413
Tunique: 152, 731
Tuque: 49
Tuxédo: 660
Twin-set: 698

u

Uniforme: 228, 735

v

Veste: 361, 740
Vêtement de base: 671

z

Zip: 324
Zipper: 324

Index des termes et expressions ne figurant pas dans l'ordre alphabétique

b

Bas autofixant: 22
Blouson de survêtement: 598
Boutonnière
    passepoilée: 74, 512
Boutonnage sous patte: 72
Brassière américaine: 80
Bretelles multipositions: 81
Bretelles réglables: 81
Bûchette: 79, 227

c

Calotte fendue: 143, 489
Carrure (d'une boucle): 292
Ceinture boxeur: 657
Charlotte cache-mise-
    en-plis: 151
Chausson protège-bas: 154
Chemise de malade: 391
Cheville pare-neige: 501
Couture de côté
    (d'un pantalon): 550
Couture d'entrejambe: 307
Cran aigu: 238
Cran baissé: 238
Cran fermé: 238
Cran ouvert: 238
Cran relevé: 238
Curseur: 324, 705

d

Décolleté en V: 193
Dépassant: 512
Duffel-coat: 227, 285

e

En bras de chemise: 155
En manches de chemise: 155
Encolure en V:
    88, 193, 361, 363, 455, 597
Entre-deux: 60

f

Fermeture sous patte: 513

g

Gant demi-long: 356
Gland: 219, 487
Gros-grain: 105, 143, 489

j

Justaucorps: 223

m

Mini(-) jupe: 402, 466
Mini(-) manteau: 466
Mini(-) pull: 466
Mini(-) robe: 466
Mortaise: 292

o

Olive: 79, 227
Ourlet: 52

p

Passant tunnel: 508
Patte d'entrejambe: 513
Pli non repassé: 535
Pli permanent: 708
Porte: 1
Protège-bas: 154

r

Revers à cran aigu: 238
Robe de nuit: 157

s

Style Empire: 692

t

Taille unique: 692
Toiletter, se: 376
Trou-trou: 90

v

Vêtement de
    loisirs: 209, 210, 588

Index des termes illustrés

a

Anorak (classique): 41
Anorak (mode): 42
Application: 142
Applique: 142
Ardillon: 208
Armature: 156
Ascot: 274
Ascot (nouée): 273
Attache: 96

b

Baguette: 21
Bain-de-soleil: 92
Barrette: 207
Bas: 223
Bas-cuissarde: 224
Basque: 61
Basque (de soutien-gorge): 152
Bavette: 85
Bavolet: 10
Bleu(s): 69
Blouse (de laboratoire): 77
Blouson (mode): 109
Blouson (sport): 108
Blouson d'entraînement: 72
Boa: 271
Bob: 240, 241
Bombe: 267
Bonnet: 35
Bonnet (de soutien-gorge): 153
Bord-côte: 135
Boucle: 206
Bourdalou: 24
Bouton de manchette: 57
Boutonnage sous patte: 15
Bracelet: 191
Braguette: 110
Brandebourg: 31, 176
Brassière: 94
Bretelle (de soutien-gorge): 154
Bûchette: 32
Bustier (corsage): 159
Bustier (soutien-gorge): 158

c

Caban: 38
Cache-coeur: 95
Cache-nez: 272
Cagoule: 251, 252, 253
Caleçon (court): 167
Caleçon (long): 166
Calot: 261
Calot (de fourrure): 262
Calotte: 242, 263
Canadienne: 28
Cape: 25
Capuchon: 30
Cardigan: 119
Casaque: 106
Casque (colonial): 266
Casque (de motocycliste): 264
Casquette: 259
Casquette capucin: 257
Casquette de montagnard: 268
Casquette de skieur: 268
Casquette norvégienne: 268
Ceinture: 209
Ceinture (nouée): 138
Ceinture-corselet: 196
Ceinture coulissante: 203
Ceinture-écharpe: 201
Ceinture incrustée: 71
Ceinture-jarretelles: 160
Ceinture montée: 93
Chapeau de feutre: 23
Chapeau de soie: 60
Chapeau haut-de-forme: 60
Chapeau melon: 20
Chapska: 270
Charlotte: 236
Chasuble: 78
Chaussette: 226
Coiffe: 84
Col banane: 179
Col boule: 239
Col cassé: 54
Col châle: 137
Col chemisier: 101
Col chevalière: 2
Col chinois: 175
Col Claudine: 75
Col debout: 174
Col droit: 174
Collerette: 181
Col marin: 243
Col montant: 174
Col officier: 174

Col roulé: 116
Col tailleur: 5
Col transformable: 70
Combinaison: 168
Combinaison (de travail): 69
Combinaison de
        gymnastique: 89
Combinaison de nuit: 172
Combinaison-jupon: 143
Combinaison-pantalon: 88
Combinaison-short: 87
Combiné: 146
Combiné-culotte: 148
Combiné-slip: 147
Complet: 45
Complet-veston: 45
Cordon (de serrage): 36
Corsage-culotte: 90
Corselet: 197
Corselet (ceinture): 196
Corvette: 29
Costume: 45
Côte: 258
Coulant: 212
Coulisse: 204
Cran: 211
Cravate blanche: 55
Cravate club: 275
Cravate lavallière: 276
Cravate noire: 63
Culotte: 164
Culotte (de) golf: 128

d
Débardeur: 115
Décolleté drapé: 183
Décolleté en coeur: 180
Découpe (bretelle): 18
Découpe (princesse): 80, 141
Demi-bas: 225
Déshabillé: 131
Dormeuse: 172
Double boutonnage: 40
Duffle-coat: 29

e
Empiècement: 76
Enchapure: 210
Encolure bateau: 177
Encolure dégagée: 105
Encolure drapée: 182
Encolure ras du cou: 81
Épaulette: 154
Esquimau: 173
Eton: 67

f
Fenêtre: 230

Feutre: 23
Fixe-chaussette: 163
Fond de robe: 140
Fourchette: 231
Fronce: 200
Fuseau: 43

g
Gaine: 149
Gant auto: 229
Gant de conduite: 229
Gant de Saxe: 232
Gant saxe: 232
Gilet: 47
Gilet (dos): 51
Gilet de laine: 114
Grenouillère: 169, 172

h
Habit: 53
Haut-de-forme: 60

i
Incrustation: 144

j
Jacquette: 59
Jarretelle: 161
Jarretelle (d'homme): 163
Jarretière: 162
Jugulaire: 265
Jupe portefeuille: 122
Jupon: 145

k
Knicker(s): 128
Knickerbockers: 128

l
Laçage: 198
Lacet: 199
Lacet (coulissant): 36
Lavallière: 276
Lien: 107
Liquette: 100, 104

m
Macfarlane: 19
Mackinaw: 113
Manche à même: 178
Manche ballon: 190
Manche bouffante: 186
Manche chauve-souris: 185
Manche chemisier: 102
Manche (à) gigot: 187
Manche kimono: 184
Manche marteau: 188
Manche montée: 193
Manche pagode: 192
Manche raglan: 14
Mancheron: 189
Manchette: 194

Marmotte: 248
Martingale: 202, 205
Melon: 20
Mentonnière: 265
Mi-bas: 225
Mi-chaussette: 227
Mitaine: 233
Modestie: 244
Moufle: 235

n
Nid d'ange: 171
Noeud papillon: 55, 63

o
Olive: 32

p
Paletot: 1, 4
Pan: 103
Pantacourt: 124
Pantalon: 50
Pantalon corsaire: 127
Pantalon fuseau: 43
Pantalon (de) golf: 128
Pantalon-jupe: 126
Pardessus: 6
Parement: 56, 139
Paréo: 123
Parka: 34
Passant: 12, 213
Passe-bras: 26
Passe-montagne: 253
Passe-montagne
        (transformable): 255
Passe-montagne
        (transformé): 256
Patte (de serrage ou
        de réglage): 11
Patte capucin: 195
Patte de boutonnage: 37
Patte d'entrejambe: 91
Patte d'épaule: 9
Patte polo: 98
Peignoir: 133
Pèlerine: 22, 25
Pied: 170
Pied de col: 101
Plastron (de gaine): 150
Pli couché: 221
Pli creux: 218
Pli plat: 221
Pli rond: 219
Plissé accordéon: 222
Plissé éventail: 220
Plissé-soleil: 220
Poche appliquée: 3
Poche à patte: 48

Poche à patte raglan: 16
Poche à rabat: 33
Poche cavalière: 129
Poche gilet: 48
Poche kangourou: 83
Poche manchon: 214
Poche passepoilée: 217
Poche plaquée: 3
Poche poitrine: 99
Poche prise dans
      une découpe: 215
Poche raglan: 16
Poche repose-bras: 39
Poche soufflet: 112, 216
Pochette: 64, 65
Poignet mousquetaire: 194
Polo: 97
Polojama: 134
Pompon: 247
Poncho: 27
Pont: 130
Porte-jarretelles: 160
Pull: 118
Pull d'entraînement: 72
Pull-over: 118

q

Queue: 58

r

Rabat (de poche): 7
Rabat (de casquette): 269
Raglan: 13
Rebras: 234
Redingote: 17
Revers (d'une jambe
      de pantalon): 125
Revers (d'une poche
      plaquée): 3
Revers (d'un veston): 49
Robe-chasuble: 78
Robe enveloppe: 121

s

Saharienne: 111
Sarrau: 74
Saxe: 232
Serre-tête: 249, 250
Slip: 165
Smoking: 62
Socquette: 228
Soutien-gorge: 151
Soutien-gorge balconnet: 155
Soutien-gorge corbeille: 157
Spencer (de femme): 66
Spencer (de garçonnet): 68
Suroît: 245
Surpantalon: 44

Survêtement: 73

t

Tablier à thé (avec bavette): 85
Tablier taille: 82
Tambourin: 237
Tandem: 117
Tirant (de réglage): 52
Toque: 238
Tourmaline: 246
Tout-en-un: 86
Trench: 8
Trench-coat: 8
Tunique: 79
Tuque: 254

v

Veste: 46
Veste de laine: 120
Veste d'intérieur: 136
Veston: 46
Veston d'intérieur: 136
Visière: 260
Volant: 132

Bibliographie

Dictionnaires, encyclopédies, etc.

BAILLY, René. *Dictionnaire des synonymes*. Paris, Librairie Larousse, 1947.

BARNHART, Clarence L., Sol STEINMETZ et Robert K. BARNHART. *The Barnhart Dictionary of New English since 1963*. Bronxville, New York, Evanston, San Francisco, London, Barnhart/Harper & Row, Publishers, 1973.

BÉLISLE, Louis-A. *Dictionnaire général de la langue française au Canada*. Québec, Bélisle, éditeur, 1957.

BÉLISLE, Louis-A. *Petit Dictionnaire canadien de la langue française*. Montréal, Éditions Aries, 1969.

BÉNAC, Henri. *Dictionnaire des synonymes*. Paris, Librairie Hachette, 1956.

BLOCH, O. et W. von WARTBURG. *Dictionnaire étymologique de la langue française*. Paris, P.U.F., 1960.

BOILLOT, Félix. *Le Second Vrai Ami du Traducteur* (anglais-français et français-anglais). Paris, Éditions J. Oliven, 1956.

BRILLE, E. *Petit Dictionnaire de l'habillement anglais-français*. Paris, C.E.T.I.H. 22 p. (Non publié.)

BRILLE, E. *Petit Dictionnaire de l'habillement français-anglais-allemand*. Paris, C.E.T.I.H. 23 p. (Non publié.)

CHANCRIN, E. et F. FAIDEAU. *Larousse ménager. Dictionnaire illustré de la vie domestique*. Éd. augmentée d'un supplément. Paris, Librairie Larousse, 1926.

CHANCRIN, R.-E.-Jeanne et al. *Larousse ménager*. Paris, Librairie Larousse, 1955.

CLAPIN, Sylva. *Dictionnaire canadien-français ou lexique-glossaire des mots, expressions et locutions ne se trouvant pas dans les dictionnaires courants (...)* Montréal, C.O. Beauchemin et fils; Boston, Sylva Clapin, (1894).

COLPRON, Gilles. *Les Anglicismes au Québec. Répertoire classifié*. Montréal, Librairie Beauchemin, 1971.

DAGENAIS, Gérard. *Dictionnaire des difficultés de la langue française au Canada*. Montréal, Éditions Pedagogia inc., 1967.

Dictionnaire du français contemporain. Paris, Librairie Larousse, 1967.

Dictionnaire encyclopédique Quillet. Paris, Librairie Aristide Quillet, 1970. 9 vol.

DIONNE, N.E. *Le parler populaire des Canadiens-français ou lexique des canadianismes, acadianismes, anglicismes (...)*. Québec, Laflamme et Proulx, 1909.

DUBOIS, Marguerite-Marie. *Dictionnaire moderne français-anglais, anglais-français*. Paris, Librairie Larousse, 1960.

Duden français. Dictionnaire en images. 2e éd. corrigée, Mannheim, Bibliographisches Institut, Paris, Librairie Marcel Didier, 1962.

DUPRÉ, P. *Encyclopédie du bon français dans l'usage contemporain*. Paris, Éditions de Trévise, 1972. 3 vol.

Encyclopédie pratique Larousse: La vie quotidienne. Paris, Librairie Larousse, 1966.

English Duden. A Pictorial Dictionary. 2nd edition, Mannheim Bibliographisches Institut; London, George G. Harrap & Company Ltd., 1960.

GIRAUD, J., P. PAMART et J. RIVERAIN. *Les Mots «dans le vent»*. Paris, Librairie Larousse, 1971. Coll. La Langue vivante.

GIRAUD, J., P. PAMART et J. RIVERAIN. *Les Nouveaux Mots «dans le vent»*. Paris, Librairie Larousse, 1974. Coll. La Langue vivante.

Glossaire du parler français au Canada. Réimpression de l'éd. de 1930. Québec, Presses de l'Université Laval, 1968.

Grand Larousse de la langue française. Sous la direction de Louis Guilbert et al. Paris, Librairie Larousse, 1971- 6 vol. parus: de «A» à «SUR». En cours de publication.

Grand Larousse encyclopédique. Paris, Librairie Larousse, 1961. 10 vol.

HANSE, Joseph. *Dictionnaire des difficultés grammaticales et lexicologiques*. Bruxelles, Les Éditions Baude, 1949.

Harrap's Standard French and English Dictionary (with supplement 1961), English-French, French-English. Edited by J.E. Mansion. London, Toronto, Wellington, Sydney, George G. Harrap and Company Ltd., 1963. 2 vol.

Larousse du XXᵉ siècle en six volumes. Sous la direction de Paul Augé. Paris, Librairie Larousse. 1928-1933.

LELOIR, Maurice et André DUPUIS. *Dictionnaire du costume et de ses accessoires, des armes et des étoffes des origines à nos jours.* Paris, Librairie Gründ, 1951. 390 p.

Lexique des articles d'habillement. Bezeichnungen der Bekleidungsartikel. Glossary of garments designations. Lessico degli articoli d'abbligliamento. Extrait de la revue «Techniques de l'habillement». Paris, Astéria (1971), Coll. C.E.T.I.H. 119 p.

LINTON, George E. *The Modern Textile Dictionary* (fully revised and expanded). New York, Duell, Sloan and Pearce, 1963. XXII - 1077 p.

LITTLE, W., H.W. FOWLER and J. COULSON. *The Shorter Oxford English Dictionary.* 3ʳᵈ edition revised with addenda. Oxford, Clarendon Press, 1970.

MANSION, J.E. *Harrap's Shorter French and English Dictionary*, French-English, English-French, complete in one volume. Completely revised and enlarged edition. London, Toronto, Wellington, Sydney, George G. Harrap and Company Ltd., 1967.

MANSION, J.E. *Harrap's New Standard French and English Dictionary.* Part one, French-English. Revised and edited by D.M. and R.P.L. Ledésert. London, Toronto, Vancouver. Harrap London in association with Clarke, Irwin and company limited, 1972. 2 vol.

MARTER, M. *Dictionnaire anglais-français et français-anglais à l'usage des industries textiles et du vêtement.* Paris et Liège, Libraire polytechnique Ch. Béranger, 1931. 219 p.

Nouveau Larousse universel. Paris, Librairie Larousse, 1969. 2 vol.

Nouveau Petit Larousse. Paris, Librairie Larousse, 1959, 1969, 1971.

Nouvelle Encyclopédie du Monde. Montréal, Toronto, Paris, Librairie A. Quillet et Éditions Leland limitée, 1962. 18 vol.

PETIT LARIVE et FLEURY. *Dictionnaire français encyclopédique à l'usage des adultes et des gens du monde.* Paris, Delagrave, 1933.

Petit Larousse illustré. Paris, Librairie Larousse, 1908.

RAMA, Louis. *Vocabulaire technique de l'industrie de la chaussure* (français, English, Deutsch, italiano, español). Paris, O.E.C.D. Publications, 1969. IX - 396 p.

RAMA, Louis. *Dictionnaire technique de l'industrie de la chaussure.* Lyon, Centre technique du cuir, 1973. XXXIX - 406 p.

RAMA, Louis. *Dictionnaire technique de la maroquinerie* (...). Lyon, Centre technique du cuir. 1975. XXVIII-532 p.

The Random House Dictionary of the English Language. The Unabridged Edition. Jess Stein, Editor in chief. New York, Random House, 1971.

ROBERT, Paul. *Dictionnaire alphabétique et analogique de la langue française.* Paris, Société du Nouveau Littré, Le Robert, 1969, 6 vol.; Supplément, 1970.

ROBERT, Paul. Le Petit Robert. *Dictionnaire alphabétique et analogique de la langue française.* Paris, Société du Nouveau Littré, Le Robert, 1970.

Roget's International Thesaurus. 3ʳᵈ edition, New York, Thomas Y. Crowell Company, 1962.

THOMAS, Adolphe V. *Dictionnaire des difficultés de la langue française.* Paris, Librairie Larousse, 1956.

Trésor de la langue française. Dictionnaire de la langue du XIXᵉ et du XXᵉ siècle (1789-1960). Sous la direction de Paul Imbs. Paris, Éditions du Centre national de la recherche scientifique, 1971- . 5 vol. parus: de «A» à «Constat». En cours de publication.

Webster's Third New International Dictionary of the English Language (Unabridged). Philip Babcock Gove, Editor in chief. Springfield, Mass., G. and C. Merriam Company, 1969.

OUVRAGES SPÉCIALISÉS

ALMEIRAS, Roger d', Annie BOUQUET et Anne-Marie PAJOT. *La Couture et la Broderie.* Verviers (Belgique), Gérard et Cᵒ, 1969. 319 p. Coll. Marabout Service, nᵒ 177.

Alterations and how to make them, English-French, français-anglais. Great Neck, N.Y., Kogos Publications, Apparel Institute, 1967. 44 p.

The Anatomy of Sports Outerwear. Great Neck, N.Y., Kogos Publications, 1963. 64 p.

BOUCHER, François. *Histoire du costume en Occident de l'Antiquité à nos jours.* Paris, Flammarion, 1965. 447 p.

BROCKMAN, Helen L. *The Theory of Fashion Design.* New York, London, Sydney, John Wiley and Sons Inc., 1965. 332 p.

BYRS, Jeoffrin J. *Elle habille ses enfants.* Paris, Librairie Arthème Fayard, 1960. 191 p. Coll. Elle encyclopédie.

CHEVALLIER, F. et E. LOMONT. *Le Tailleur.* Paris, Eyrolles, 1957. 159 p.

Commission d'étude pour le perfectionnement technique féminin. *Dessin technique. Expression graphique des techniques de l'habillement.* Bruxelles, Éditions Labor. 66 p. (Sans date.)

CUNNINGHAM, Gladys. *Singer sewing book. The complete guide to sewing.* New York, Golden Press, 1969. 428 p.

DASSEVILLE, Lucien. *Je m'habille mieux! La garde-robe idéale de l'homme.* Verviers (Belgique), Éditions Gérard et C°, 1961. 160 p. Coll. Marabout Flash, n° 83.

DEBOVE et CRÉPIN, Mmes. *Technologie professionnelle de couture. Étude du matériel et des moyens d'exécution.* Paris, Éditions Foucher, 1963. 161 p. Coll. Les techniques des industries de l'habillement, prêt-à-porter et sur mesures.

DILLMONT, Thérèse de. *Encyclopédie des ouvrages de dames.* Mulhouse (France), Éditions Th. de Dillmont, 1951. 812 p. Coll. Bibliothèque D.M.C.

DILLMONT, Thérèse de. *Encyclopedia of Needlework.* Mulhouse (France), Éditions Th. de Dillmont, 1971. 804 p. D.M.C. Library.

DOMINIQUE, M. et R. JOACHIM. *Initiation à la couture familiale.* Paris, Dunod, 1962. Tome 2, 206 p.

DUTHOIT, S., C. CLOSET et A. THUIZAT. *Entretien, Couture et Tricot.* Paris, Librairie Larousse, 1966. 195 p. Collection pratique de poche.

Étude de fabrication d'une robe chemisier. Paris, Éditions Astéria, 1965. 54 p. Coll. C.E.T.I.H.

GEBBIA, A. *Modern Method of Women's and Children's Garment Design.* Chicago, The Master Designer, 1971. 161 p.

IMBERT, Y. et M. LAVAUX. *De fil en aiguille.* Paris, Librairie Delagrave, 1966. 112 p.

JAQUE, Line. *La Technique de la coupe.* Bruxelles, Éditions A. de Boeck; Paris, Librairie technique Desforges, 1965. 441 p.

JOLIF, A. *Le Tailleur pour dame.* Paris, Les Éditions Foucher, 1952. 132 p.

KYBALOVA, Ludmila, Olga HERBENOVA et Milena LAMAROVA. *Encyclopédie illustrée de la mode.* Paris, Gründ, 1970. 599 p.

LANGE, ÉLISABETH. *J'habille mieux mes enfants! La garde-robe idéale des jeunes.* Verviers (Belgique), Éditions Gérard et C°, 1962. 158 p. Coll. Marabout Flash, n° 108.

MacKINNON OF DUNAKIN, C.R. *Tartans and Highland dress.* Glasgow and London, Collins, 1960. 128 p.

MARQUANT-MÉTAIRIE, Mme. *Le Secret de la coupe. Traité des gilets et grandes pièces.* Paris, Éditions Napolitano, 1955. 142 p.

MARQUANT-MÉTAIRIE, Mme. *Le Secret de la coupe. Traité des pantalons et culottes des pièces.* Paris, Éditions Napolitano, 1953. 101 p.

ROBINS-BASILE, Elvire. *Je fais toutes mes jupes moi-même. De la jupe droite au plissé-soleil.* Verviers (Belgique), Éditions Gérard et C°, 1966. 158 p. Coll. Marabout Flash, n° 232.

ROSELLE, Bruno du. *La Crise de la mode. La révolution des jeunes et la mode.* Paris, Fayard, 1973. 160 p. Coll. Le Monde sans frontières.

SAINT-LAURENT, Cecil. *L'Histoire imprévue des dessous féminins.* Paris, Solar éditeur, 1966. 222 p.

SENAN, S. *Mode.* Paris, Librairie J.-B. Baillière et fils, 1955. 200 p. Coll. Les Métiers féminins.

SÉVERIN, J. *Précis méthodique de couture et raccommodage.* Paris, Librairie Jacques Lanore, 1967. 127 p.

SÉVERIN, J. *Précis méthodique de coupe.* Paris, Librairie Jacques Lanore. 283 p. (Sans date.)

TOULOUSE, C. *Manuel de ganterie.* Paris, Librairie J.-B. Baillière et fils, 1927. 407 p. Coll. Bibliothèque professionnelle.

TOUZART, Mlle. *Encyclopédie de la coupe familiale.* Paris, Librairie Jacques Lanore. Tome I: «*La Coupe pour enfants*», 1946, 292 p.; Tome II: «*La Coupe pour femme*», 1952, 33 fascicules.

VILLEHUCHET, M.-F. de la. *Guide de coupe et couture.* Paris, Brodard et Taupin, 1968. 318 p. Coll. Le Livre de poche pratique.

VILLEHUCHET, M.-F. de la, et Marcelle de COULON. *Guide du tricot.* Paris, Librairie générale française, 1966. 285 p. Coll. Le Livre de poche pratique.

VRAMBOUT, Gisèle. *Je couds.* Verviers (Belgique), Éditions Gérard et C°, 1960. 157 p. Coll. Marabout Flash, n° 35.

WAISMAN, A. *Modern Custom Tailoring For Men.* Chicago, Ill., The Master Designer, 1971. 178 p.

CATALOGUES

Au Vieux Campeur, hiver 1972-1973. Paris.

Catalogue 3 Suisses, automne-hiver 71-72. Roubaix.

C'est toute la mercerie, printemps-été 1971. Lille, Association générale de distribution.

Eaton, automne-hiver 1967. Toronto.

Eaton, Catalogue de Noël du Canada 1968. Toronto.

Eaton's, Fall and Winter 1970. Toronto.

Eaton, automne-hiver 1972. Toronto.

Eaton's, Fall and Winter 1972. Toronto.

Eaton, automne-hiver 1973. Toronto.

Eaton, printemps-été 1974. Toronto.

Eaton's, Fall and Winter 1974. Toronto.

Eaton's, Spring and Summer 1976. Toronto.

Fabrique-Union Samaritaine, catalogue printemps-été 1969. Paris.

Manufacture française d'armes et cycles. Saint-Étienne (Loire), 1923.

Manufrance. Manufacture française d'armes et cycles. Saint-Étienne (Loire), 1969.

Manufrance. Manufacture française d'armes et cycles. Saint-Étienne (Loire), 1971.

Prénatal, automne-hiver 1969-1970. Paris.

La Redoute à Roubaix, automne-hiver 1965-66.

La Redoute à Roubaix, printemps-été 1969.

La Redoute, automne-hiver 1970-71.

La Redoute, automne-hiver 1971-72.

La Redoute, printemps-été 1972.

La Redoute et votre famille, printemps-été 1972.

Sears, automne-hiver 1973. Toronto.

Sears, Fall and Winter '73. Toronto.

Sears, automne-hiver 1974. Toronto.

Sears, Fall and Winter 1974. Toronto.

Simpsons-Sears, automne-hiver 1967. Toronto.

Simpsons-Sears, Fall and Winter 1967. Toronto.

Simpsons-Sears, Christmas 1968. Toronto.

Simpsons-Sears, Noël 1968. Toronto.

Simpsons-Sears, Noël 1969. Toronto.

Simpsons-Sears, été 1970. Toronto.

Simpsons-Sears, Christmas 1970 Wish Book. Toronto.

Simpsons-Sears, Cadeaux de rêve, Noël 1970. Toronto.

Simpsons-Sears, Christmas 1971 Wish Book. Toronto.

Simpsons-Sears, Réclame d'été 1972. Toronto.

Simpsons-Sears, Spring and Summer 1972. Toronto.

Simpsons-Sears, automne-hiver 1972. Toronto.

Simpsons-Sears, Fall and Winter 1972. Toronto.

Simpsons-Sears, Réclame d'été 73. Toronto.

Simpsons-Sears, Summer Values '73. Toronto.

Vogue Patterns. Bimestriel. New York. Vol. 47, n° 2 (oct.-nov. 1972).

PÉRIODIQUES

Album de Marie-Claire. 400 modèles. Paris. N° 46 (printemps-été 1971); n° 51 (automne-hiver 1973-74).

L'Art et la Mode. Trimestriel. Paris. P.R.E.E.S. Années 1972, 1973. (Avec traduction en anglais.)

Boutiques de France. La revue de Paris qui parle mode à l'Europe. Bimensuel. Paris. Années 1970-1973.

Collections. Trimestriel. Paris, Publications Louchel. Années 1970-1973.

Couture. Trimestriel. Paris, Publications Louchel. Automne-hiver 1970; hiver 1970-71. (Avec traductions en anglais, allemand, italien et espagnol.)

Elle. Hebdomadaire. Paris, France Éditions et Publications. Années 1972, 1973.

Femme. Trimestriel. Paris, Publications Louchel. Automne-hiver 1970-71. (Avec traductions en anglais, allemand, espagnol et italien.)

Ganterie, Vêtements de peau. (Revue technique de l'industrie française du gant et des vêtements de peau). Bimestriel. Paris, Éditions Archat. Années 1972, 1973. (Avec traductions en anglais et en allemand.)

Hebdo J.T. Journal du textile. Paris. Années 1972, 1973.

L'Homme, le Maître Tailleur. Paris, Les Éditions Vauclair S.A.R.L. (éditions magazine et technique). 1966-1968 (mensuel); 1968-1973 (bimestriel).

International Textiles. Mensuel. English, français, Deutsch, español, Nederlands, Amsterdam. Années 1972, 1973.

Jardin des Modes. Mensuel. France Éditions et Publications. Nos 583 et 584 (sept. et oct. 1970); n° 24 (hors série): Panorama de la haute couture automne-hiver 70-71.

Jours de France. Mensuel. Paris. Années 1970-1973.

Marie-Claire. Mensuel. Paris. Années 1972, 1973.

Mode et Lingerie, Bonneterie. Trimestriel. Paris, Société technique d'art et de réalisation. Nos 18-22 (nov. 1963 / nov. 1964).

Modes et Travaux. Mensuel. Paris, Société anonyme des éditions Édouard Boucherit. Années 1965-1973.

L'Officiel du prêt-à-porter. Trimestriel. Paris, Société d'édition de la presse textile. Nos 57, 61 62, 63, 69, 70, 72 (années 1970-1974).

Revue de la mercerie, nouveautés, bonneterie, lingerie, confections. (Publication d'informations des commerces du textile, de l'habillement et industries qui s'y rattachent.) Mensuel. Paris, Société Veuve Duc et Fils et Gendre. Nos 544 (oct. 1970); 546 (déc. 1970); 548 (fév. 1971).

Seventh Annual Fiber, Fabric and Fashion Guide, Apparel Manufacturer. Riverside, Ct., Forge Association Publications, Inc., January 1972, p. 18-47; Eight Annual Fiber, Fabric and Fashion Guide, January 1973, p. 17-47.

Tu parles! (Bulletin du Service régional de la langue française). «Le Vêtement». Amos. N° 12 (juin 1966); 4e année, n° 2.

Vêtir. Textiles, Habillement, Bonneterie. Paris, Compagnie française d'éditions. Années 1970-1973.

Vie et Langage. Mensuel. Paris, Larousse. N° 233 (août 1971).

Vogue (édition anglaise). Mensuel. New York, The Condé Nast Publications. Années 1972, 1973.

Vogue (édition française). Mensuel. Paris, Éditions Condé Nast. Années 1972, 1973.

Votre ligne, les dessous élégants. Trimestriel. Paris, Éditions Jégu. Nos 91 (oct.-nov. 1970); 92 (déc. 1970).

DIVERS

Afnor. Textiles. Articles de bonneterie. Bas, mi-bas, chaussettes, mi-chaussettes et socquettes. Taille, désignation, marquage. (NF G30-001). Paris, Afnor, décembre 1974. (Norme expérimentale.)

Afnor. Textiles. Articles de bonneterie. Dimensions de base des unités de vente. (NF G30-010). Paris, Afnor, août 1974. (Norme expérimentale.)

Afnor. Textiles. Terminologie relative aux tissus (NF G00-012). Paris, Afnor, juillet 1970.

CATACH, N., J. GOLFAND, R. DENUX. Orthographe et Lexicographie (Littré, Robert, Larousse). Paris, Didier. Tome I: Variantes graphiques - Mots latins et grecs - Mots étrangers, 1971. 333 p.

COLETTE. Mes apprentissages. Paris, J. Ferenczi et Fils, 1936; Hachette, 1972. 157 p. Coll. Le Livre de poche.

COLETTE. Le Voyage égoïste, suivi de Quatre-Saisons. Paris, J. Ferenczi et Fils, 1928, 1956; Hachette, 1972. 158 p. Coll. Le Livre de poche.

DE CHANTAL, René. Chroniques de français. Ottawa, Éditions de l'université d'Ottawa, 1956. p. 135-155.

ÉTIEMBLE, René. Parlez-vous franglais? Paris, Gallimard, 1964. 376 p.

Fiches de Radio-Canada.

GANDOUIN, Jacques. Guide du protocole et des usages. Paris, Éditions Stock, 1972, 491 p.

MARTIN, Claire. Doux-amer. Montréal, Le Cercle du livre de France. 1960. 192 p.

MASSON, Arthur. Pour enrichir son vocabulaire. 4e éd. Bruxelles, Éditions Baude. p. 142-154. (Sans date.)

PEYTARD, Jean. De la diffusion d'un élément préfixal: «mini-», dans Langue française, n° 17 (fév. 1973): Les Vocabulaires techniques et scientifiques, p. 18-30.

SABATIER, Robert. Les Allumettes suédoises. Paris, Éditions Albin Michel, 1971. 312 p.

Table des matières

Page

Vocabulaire de l'habillement. **11**

Illustrations. **121**

Index des termes anglais. **175**

Index des formes fautives ou à déconseiller. **183**

Index des termes et expressions ne figurant
pas dans l'ordre alphabétique. **185**

Index des termes illustrés. **187**

Bibliographie. **191**

IMPRIMERIE
L'ÉCLAIREUR
BEAUCEVILLE